心之所向，行而不辍

——家庭教育漫谈

冯杨 著

陕西新华出版
太白文艺出版社·西安

图书在版编目（CIP）数据

心之所向，行而不辍:家庭教育漫谈/冯杨著. --西安:太白文艺出版社，2023.12
ISBN 978-7-5513-2429-8

Ⅰ．①心… Ⅱ．①冯… Ⅲ．①家庭教育－研究 Ⅳ．①G78

中国国家版本馆CIP数据核字(2023)第134188号

心之所向，行而不辍——家庭教育漫谈
XIN ZHI SUO XIANG XING ER BU CHUO
JIATING JIAOYU MANTAN

作　　者	冯　杨
责任编辑	张　瑶
封面设计	李盈盈
版式设计	手掌文化
出版发行	太白文艺出版社
经　　销	新华书店
印　　刷	北京力信诚印刷有限公司
开　　本	880mm×1230mm　1/32
字　　数	130千字
印　　张	6
版　　次	2023年12月第1版
印　　次	2023年12月第1次印刷
书　　号	ISBN 978-7-5513-2429-8
定　　价	52.00元

版权所有　翻印必究
如有印装质量问题，可寄出版社印制部调换
联系电话：029-81206800
出版社地址：西安市曲江新区登高路1388号（邮编：710061）
营销中心电话：029-87277748　029-87217872

内容简介

本书是一部关于家庭教育的作品，是一部推荐给家长看的家庭教育指导书。全书分为家庭篇、学习篇、综合篇和人生篇，分别讨论了孩子的学习方法、家庭氛围的营造，以及父母采用的教育方式对孩子产生的深远影响、培养孩子综合能力的途径、如何培养孩子良好的价值观等议题。每个年龄段的孩子情况不一样，需要的教养方式也是不一样的，且每个个体都是独特的，需要家长根据孩子的心理、思想的变化去进行教导。作者对与孩子共同成长的旅程，以及家庭教育的方法进行了系统的探讨和梳理，希望对教育感兴趣的家长，通过阅读此书领悟到家庭教育的一些真谛，从这些经典案例中得到一些启发。

自 序

从我记事开始,家里一直摆放着形状各异的砚台、大大小小的墨锭和粗细长短不一的毛笔,这些都是父亲的珍宝。父亲和母亲在同一家厂子里工作,母亲善良勤快,任劳任怨,父亲和蔼可亲。少不更事的我每天除了玩儿就是"跟脚"(父母走到哪里孩子就跟到哪里),从童年一直到初中毕业,我每天玩耍的地方就是家门前那条大道和小河边,还有厂子大院。

从厂子大门走进来,左手边第一排平房的第一间是热水房,第二间便是父亲的办公室。办公室里面设施简陋,有一张长条椅子,两张办公木制桌子,其中一张办公桌上总是摆放着书籍和报纸。后来厂里盖起了一栋办公大楼,一共有四层,每层大概有十几间办公室。大楼的两侧是两个大块梯形花池,中间是很宽的台阶。沿着台阶向大楼里面走进去,父亲的办公室就在一楼。

调皮的我,经常在窗户底下踮着脚尖伸长脖子往办公室里面看,经常看到父亲喝着老式袋装的猴王茶,专注凝神地读书、看报、写字都是我习以为常的事儿。父亲热爱读书,《三国演义》《红楼梦》《诸葛亮传记》等,样样精读,遇到喜爱的书,偶尔还会抄写下来。父亲自己研究风水学,解读易经,自学中医,研习书法,曾在1996年吉林省举办的书法大赛中获得一等奖,先后参加全国各地举办的书法大赛,所获得的荣誉证书已有十几本。(下页四幅字画均是父亲的著作)。家乡各大企业的牌匾、大大小小的亭子以及标志性建筑物上的字,部分出自父亲的亲笔,如今它们虽然已经褪色,但是依然保留着苍劲有力的字迹。父亲喜爱刻字,用红丝石、青田石刻的字,线条流畅、栩栩如生,可谓巧夺天工(见下页字画左右角红色印章)。父亲留给我印象最深刻的就是读书、看报、写字。我有两个哥哥、一个姐姐,父亲对我们姊妹的教育也有独到之处。在我的记忆中,父亲几乎没有对哪一个孩子发过脾气,即使做错了什么事情,父亲也不会大声地埋怨，也从不强制谁必须去做什么事情。

父亲总是在维护我们的自尊心，心平气和地给我们讲道理，或者点到为止让我们自己醒悟。父亲就是这样一位博览群书、善于书写篆刻、慈祥又善解人意的老人。

父亲出生于 1937 年，他 19 岁时就读于山东诸城师范学校。在一次体育课上跳高时，不小心将腿摔骨折。当时家中哥哥和嫂嫂，也就是我的大伯、大娘，便主动承担起照顾生病的父亲。后来父亲的腿康复以后来到东北，认识了母亲，从此在东北安了家。八十年代初，大娘来东北探望我们家，平日里我们家吃粗茶淡饭，过大年才会吃饺子穿新衣服。在大娘来的那段时间，母亲调剂着做不同丰盛的饭菜，香喷喷儿的饭香味儿飘满屋子，每天都像过大年一样。大娘临行前，母亲从里到外给买新衣服，父亲将两叠厚厚的 10 元面值的特意从银行换取的新票，饱含深情地递给了大娘。当时父亲的语调和表情我仍然记忆犹新。

在那个经济不富裕的年代，就算家里再省吃俭用也节省不下来这一摞钞票。后来听母亲说这些钱是父亲从单位借来的，日后单位每月从父亲的工资卡里扣除。当时只有几岁的我，就记住了对人要有感恩之心，受人滴水之恩必当涌泉相报。

父亲在 65 岁那年不幸患上了肺癌，在经历了万般的痛苦后，最终还是不舍地离开了这个温暖、美好的世界。

时至今日，父亲离开我们已有 25 个年头，父亲读书看报、研墨书写的画面依稀在眼前浮现，它激发了我对读书的热爱。父亲对家人的呵护和尊重，创造了温馨幸福的家庭氛围，使得我们姊妹都能够健康快乐地成长。忠厚传家久，诗书继世长。父亲教会我勤学苦读、持之以恒的精神，它早已渗透到我的血液里，鼓励我不断地前行；让我懂得光阴如金、不可蹉跎的道理，它时刻提醒我，以至于从不敢懈怠。父亲自行苦学的优秀品质，早已融入了我的灵魂，培养了我永不言败、敢于拼搏的勇气。身为父亲的女儿，是我几辈子修来的福分，我为没能回报父亲的养育之恩而深感遗憾。父亲的谆谆教诲，我会铭记于心，它是我一生取之不尽，用之不竭的宝贵财富。我的人生受益于父亲的言传身教，才得以精彩万分。

随风潜入夜，润物细无声。家长的言传身教，以及价值观、人生观能够潜移默化地影响孩子，这种力量是强大的，它可以作用于人的一生。

时光荏苒，弹指一挥间，我越来越感悟到家庭教育的重要性。家长不仅是孩子的启蒙老师,也是终身导师。家长的正确教育可以让资质普通的孩子脱颖而出,而教育得不恰当则会让一个天资聪颖的孩子陷入泥潭。

如今生活在这个物质与经济富足的时代,我禁不住扪心自问,我是否会像父亲一样言传身教,为孩子们树立正确的人生观和世界观?

我常常这样想!

经过认真的思考和准备,我以浅薄的见解和直白的文字完成了这本《心之所向,行而不辍——家庭教育漫谈》。感谢您从众多的书中,选择读这本书。书中有欠缺之处,敬请包涵!

我希望以此书为媒介,与有缘的您产生思想的碰撞与心灵的共鸣,培养出更加优秀的孩子。我更愿意与智慧的您共同分享教育的体会。愿我们在这条充满喜悦和幸福的旅途中,一起努力,共同成长!

书于 2021 年 5 月

一日之计在于晨，
一年之计在于春，
一生之计在于勤。

春迎雪飞

李白乘舟将欲行,
忽闻岸上踏歌声。
桃花潭水深千尺,
不及汪伦送我情。

《赠汪伦》 李白

好雨知时节,当春乃发生。
随风潜入夜,润物细无声。
野径云俱黑,江船火独明。
晓看红湿处,花重锦官城。

《春夜喜雨》杜甫

好雨知时节,当春乃发生。随风潜入夜,润物细无声。野径云俱黑,江船火独明。晓看红湿处,花重锦官城。

杜甫春夜喜雨诗 屋寿书於一九八八年元月

圣人则天,贤者法地,智者则古。骄者招毁,妄者稔祸,多言者寡信,自奉者少恩,赏于无功者离,罚加无罪者怨,喜怒不当者灭。

诸葛亮自勉座右铭句

聖人則天賢者法地智者則古驕者招毀妄者憯禍多言者寡信自奉者少思賞於無功者離罰加無罪者怨喜怒不當者灭

諸葛亮自勉座右銘句一九八九年瓏月书

目　录
CONTENTS

第一篇　家庭篇

第一章　父母教育一致化可提高教育成效　　3

第二章　夫妻关系和睦是孩子成长的营养素　　8

第三章　家庭结构变化后的几项观点　　11

第四章　家长理性对待特长班　　20

第五章　谁会喜欢你的唠叨呢？　　27

第六章　家父的教子之道　　32

第二篇 学习篇

第一章 测试与反馈两者兼而有之 … 43

第二章 间隔练习提高学习成效 … 49

第三章 学习离不开的常用方法 … 57

第四章 让阅读点亮你的人生之路 … 62

第五章 调整教育观念 … 66

第三篇 综合篇

第一章 自主学习发展终身技能 … 75

第二章 有效控制焦虑 … 83

第三章 影响学习态度的多种因素 … 90

第四章 摒弃拖延从即刻开始 … 95

第五章 孩子成长离不开道德教育 … 103

第六章 加强体育活动赢在起跑线上 … 108

第七章 提高抗挫折力是孩子必备技能 … 114

第八章 影响厌学的因素 … 123

第四篇 人生篇

第一章 孝敬父母	133
第二章 节俭	136
第三章 尊严	139
第四章 勤奋刻苦	142
第五章 身体健康	145
第六章 做好自己	150
第七章 信念	154
行而不辍,未来可期	157
致 谢	160
读书推荐	163
读书推荐 2	165
参考文献	169

01 第一篇 家庭篇

孩子是一块璞玉，经过家长精心、耐心的打磨，都会变成晶莹剔透、熠熠生辉的美玉。

——作者

第一章 父母教育一致化可提高教育成效

一般家庭中通常是父亲过于严厉，母亲过于慈爱，父亲和母亲这种不同的行为表现逐渐变成了家庭固定的教育模式。这种一严一慈的教育方法，让孩子不自觉地依赖母亲而畏惧父亲。倘若父母能把握好严、慈的度，做到默契配合，在教育态度和观念上达成一致，会提高家庭教育效果。它不仅有利于孩子的健康发展，而且能树立父母在孩子心目中的威望。相反，若父母对孩子的教育方式采取的意见不统一，僵持不下时，很容易发生争吵。轻则破坏家庭关系，重则影响孩子判断是非的能力，并失去对父母的信任，降低尊重程度，怀疑父母的教育水平和管理家庭的能力，逐渐地出现逆反心理，与父母产生距离，更不愿意服从父母的要求。因此，父母应了解孩子成长的规律，以及心理和情绪的变化，避免因一些不合理的教育方式对孩子产生不利的影响。

我同事的女儿小杰在一次夏令营时认识了几名男同学，相互之间聊得很是开心，回家后也一直保持联系。爸爸工作在另一座城市的工厂里，平时都住在职工宿舍，小杰几乎都是妈妈一个人照顾她。因此，她从小接受的是近似于单方的爱和陪伴。爸爸平日里很少言笑，总是板着一张严肃的脸，使得小杰在爸爸面前畏首畏脚的，有一种陌生的感觉。爸爸知道小杰结识男同学的事情后担心影响到女儿的学习，生气之余一边训斥了几句，一边猛地用手推搡了女儿，女儿倒退了几步撞到了墙上。妈妈心疼女儿，当场大声地和爸爸吵了起来。

后来，每次小杰出门时，总是忍不住再回去拽一下门来确定是否已经关好；同妈妈购物后回家的路上也会不停地问妈妈，刚才自己有没有摸那件新衣服，店员阿姨会不会批评自己；写完作业后小杰还要反复地检查，生怕被老师批评。

对于正处在青春期、心灵比较脆弱的小杰来说，她的内心渴望得到家长的信任、赏识，希望自己是一个讨人喜欢的孩子。而小杰的父亲不顾及孩子的自尊心，出手推搡女儿，这种行为与小杰的心理需求背道而驰,使小杰受到了心理创伤,导致她的心理出现了障碍。遇到事情总是害怕出错遭受批评,对遇到的事情总是感到不安。

为填充这份缺失的父爱,小杰在学校表现得更加积极热情,希望获得同学或老师的承认和赞扬,来充当父亲的承认和赞扬。

不是每个家庭父母双方的教育理念都能达到完美统一,在下面这个实例中,晓豪父母的教育态度也是出现了分歧。

晓豪参加了很多补课班,成绩却总是上不来,写作业磨磨蹭蹭。每次爸爸看到孩子的成绩单时,总是想对孩子严加管理。可是每次爸爸刚提出要求,妈妈立马就反驳爸爸的意见来替孩子说话:"别听你爸的,他懂什么,净瞎说。"爸爸更是憋着气,埋怨妈妈过于强势,于是两人就当着孩子的面争吵起来,相互揭短,说脏话。晓豪自己都说:"我知道自己成绩不好,每次我爸说我,我妈就偏向我,和爸爸吵架,我更喜欢妈妈。"每次晓豪受到批评时自然而然地靠向对自己有利的妈妈这边寻求保护,慢慢地增加了对妈妈的依赖。对于爸爸的要求,不管是合理还是不合理的,他总是这耳朵进那耳朵出,根本不听。

生活中类似这样的事情很多，家庭教育中父母的态度不统一会让还没有足够判断力的孩子分不清事情的好与坏。而且在以后遇到同类事情时，孩子只会对对自己有利的一方家长说。这很容易让孩子丧失明辨是非的能力，也不知怎么处理问题才是正确的。

俗话说严父慈母，虽然这种理念被广泛采用，可是若一方严厉，一方无底线地袒护，孩子很容易缺乏认知能力，从而影响了对其他问题的判断力。严父慈母要恰当合适，父亲不能过分地严厉，母亲也不能一味地偏袒。一味地偏袒会让孩子变得越来越柔弱，过度严厉会让孩子变得冷漠自私不愿意与人交谈正反都已陈述过，所以两者都不能过于偏颇。另外，也不能在一方家长对孩子严厉批评的时候，另一方家长在旁边煽风点火合力责怪孩子，这会让孩子感受不到家庭的温暖，感觉自己的孤立无助，是一个多余的、不讨人喜欢的人。

不循家规，不能成方圆。父母尽可能把握好分寸，做到严中有格，有慈有度。严不是暴力，慈不是溺爱，应把控好严和慈的度。否则，会造成孩子的不健康心理。遇到问题时先商量一下，避免因意见分歧在孩子面前争吵。或者父母制订明确的分工，各负其责。

就像大伟的父母那样,不仅各负其责,而且相互配合也很到位。

一次,大伟拿了同学的变形金刚,爸爸惩罚他去外面罚站。一个多小时过去了,妈妈才来到门外,和孩子耐心地谈话。后来,孩子明白了自己犯的错误,主动将玩具还给了同学,还向同学道了歉。

这个案例中,父亲和母亲的教育立场一致,相互配合,是较为合适的教育方式。

父母是孩子的启蒙教育者,是为孩子调制人生底色和描绘未来蓝图的人。教育的过程是用心的,又是愉悦的;是辛苦的,又是赏心的。就像世间的美与丑、好与坏、严与慈,往往都是相互依存和统一的。只要运用得恰如其分,所有的付出终将收获一个成功的果实,在一个不远的日子里。

第二章 夫妻关系和睦是孩子成长的营养素

　　家庭环境是孩子接触最早、持续时间最长、受影响最深的教育环境。优质的家庭环境是孩子温暖、舒适的港湾，有利于保持稳定的情绪和健康成长。而家庭环境的创造者，毫无疑问，当然是父母。父亲和母亲关系是否和谐、如何培养孩子的道德观念，以及父母日常生活中的行为、习惯等，都对孩子的成长起着不可衡量的作用。

　　人们常说，有其父必有其子，有其母必有其女。它的意思可以从先天的遗传基因和后天的行为模仿两方面来理解。从基因属性分析，孩子的长相、性格秉性与父母有相似之处。从教育角度分析，父母爱动脑筋，孩子也会多思考；父母勤劳，孩子自会勤奋刻苦；父母经商，孩子也热衷于商业学。

积极思维的父母,他的孩子一定是积极乐观的。消极思维的家长教会了孩子怨天尤人。一个周末,班级同学家长纷纷带着孩子去公园玩,恰巧公园里的大型淘气堡正在拆除。消极的父母说:"这不是有病吗?设备拆除也不提前发通知。"积极的妈妈说:"孩子,看前面那片树林,那里鸟语花香,绿树成荫。"

家长是为孩子指引方向的人,孩子朝向哪个方向,取决于家长的思维。思维宽阔的家长考虑的是如何让孩子成为爱学习的人,如何培养正向思维,提升格局,以及引导孩子将目光投向更远的地方。

之前隔壁邻居小妍家,小妍的父母常常因一点儿琐事就吵个没完,明明对方就在眼前也要扯着嗓子喊话,非得争出个你低我高。每次父母吵架小妍都会感到害怕和焦虑,她的内心十分反感父母的这种行为。这种反感蔓延到开始讨厌父母所有的言行举止,不管是好的还是坏的。再后来,开始讨厌老师和学校,想方设法地逃课,多次偷偷去网吧,一个人沉浸在网络中。

生活中像小妍父母这样的夫妻很多,他们往往是遇到大事小情就争吵,总是从自己的角度去证明自己,压低对方。

这样的家庭环境不利于孩子健康心理的发展，常会引发孩子自卑、抑郁的心理，使之学习分心、听课走神，极大地破坏好的学习状态。除此之外，孩子在处理同学关系方面也稍显逊色。

父母是原件，孩子是复印件，孩子出现了问题，很可能是原件有问题。当孩子有这些表现时，家长首先自我检查，检查自己的教育方法在哪个环节出了问题，在哪方面做了错误的行为，影响到了孩子的情绪，要主动承认错误并及时改正，避免长此以往，让孩子形成自卑、抑郁的性格。

父母之爱子，则为之计深远。父母关系和睦，营造幸福的家庭氛围，让孩子这颗尚未成熟的小幼苗茁壮成长。一边给予细心地修剪、塑形，一边精心地浇水、施肥，慢慢地看着他长大，陪着他沐浴阳光经受风雨。只要有爱，就有光芒万丈。在爱心满满的照料下，他终将成长为一颗傲立不凡的参天大树。

第三章 家庭结构变化后的几项观点

随着家庭结构的改变,社会上出现了更多的单亲家庭、重组家庭,这使得孩子的生活习惯和居住环境也发生了大的改变。离异的父母再次重组家庭,会让孩子又一次面临着家庭结构的变化,而每一次生活的改变使孩子的心理都会跟着发生变化。

一些年幼的孩子会因为离开了父亲(或母亲)感到伤心无助,有些青少年可能会开始怨恨让家庭破碎的一方,他痛恨这种婚姻的变故,因为变故夺走了原本属于他的爱。这种情况下,如果父母没有正确的教育方法,便会让孩子这颗受伤的心灵雪上加霜,因此陷入痛苦之中。为了提高家庭教育质量,减少对孩子的伤害,以下观点可供家长参考。

停止吵架

有些夫妻各自没有谦让心,他们要么把吵架当作家常便饭,要么冷战,搞得家里的氛围紧张兮兮的。有的夫妻吵起架来,还习惯性地摔东西,更有甚者使用暴力。孩子生活在这样的环境中,总是被一层阴影笼罩着,父母吵架的那些场景一直盘旋在他的脑海里,让原本心有阳光、笑声朗朗的内心增加了几分忧伤,个别心思重的孩子,会变得闷闷不乐。长期存在这种负面情绪,不仅直接影响大脑发育,还有可能长大后患心理疾病。

笔者观点 在孩子心中,父母的爱是无法替代和难以割舍的。当孩子目睹或耳闻父母吵架时,孩子会害怕、怨恨,没有安全感,他只能用哭来表达自己的无奈和无助。冷战的父母营造出的紧张氛围,比争执更可怕,像踩在脚底的一颗炸弹,不知在哪根弦上爆发。长此以往,导致孩子的心理出现变化,变得紧张、焦虑、自闭、缺乏信任。有时候父母是因为孩子的事情吵架,这时孩子觉得自己是个差孩子,自会感到内疚和自责。不管是哪种情况,父母都不要因为日常那些鸡毛蒜皮小事吵来吵去的,非但解决不了问题,只会让自己变成一个"怨妇""怨男"。夫妻关系的经营是包容、理解，何必制造一些无谓的争吵呢？懂我者不必多说，不懂我者，要细心、耐心地说，又何苦摆出一副不可一世的样子呢？这样的家庭氛围，不亚于暴力行为给孩子留下的创伤。用心理学角度分析，这样的父母只记得自己喝水，从没有想过给孩子的杯里加点水，孩子的杯里早已干涸成沙漠。

所以，过于强势的父母不要总想着操控对方，保持一颗平常心态，懂得低头，肯弯腰，有事商量，和气解决问题。孩子是通过父母的眼睛看世界，看到的应该是人与人之间的无私奉献和包容，体会到的是人间的和平与安宁。那么，孩子也会以平和的、宽阔的胸怀迎接社会。

放下自私

有些离异的家长在孩子抚养权问题上争执不休，双方都想要孩子，各不相让，最后提交到法院。对一审结果不满意的，再去二审。年龄稍大点的孩子，必要时还要去法庭说明自己愿意跟随哪一方。

还有一种情况是有些离异的父母，把孩子看成包袱，都不愿意让孩子留在自己身边，唯恐孩子成为自己再婚时的绊脚石，耽误了自己轻手利脚的新生活，害怕自己的新家庭再因为这个孩子出问题。他们相互推诿，极力把孩子推向对方。这种家庭氛围下的孩子是很敏感的，他认为自己是多余的，随之产生自卑感和孤独感。

笔者观点 夫妻因离婚而大动干戈地争夺孩子，会让孩子很为难。双方要以孩子的意愿和幸福为重，考虑好哪一方更适合照顾孩子，协商解决好孩子的归属问题。父母可以告诉孩子，虽然父母分开了，依然和之前没分开时候一样爱他/她，孩子还是可以随时见到父亲或母亲。

那些夫妻离婚相互推脱抚养责任，放弃抚养权的父母，你们应该明白，培养孩子、陪伴孩子、让孩子健康成长是父母的天职，这是法律保护孩子合法权益的意义所在，也是父母应该遵守的人性和道德底线。孩子是无辜的，请不要主动放弃他。孩子从小就有亲近父母的特殊感情，他们是多么渴望得到父母的爱，多么企盼有一个温馨的港湾。那个不爱孩子的人，即便拥有再好的借口，也无需任何责怪，你内心那个真实的自己，已经将你定位成了一个罪人。基于此，于理于法，都不允许父母做"甩手掌柜"。

停止过分补偿

有的单亲家长认为自己离婚让孩子承受了家庭的破碎的痛苦,伤害了孩子,一直心存自责。于是,他以溺爱的方式,表达内心的愧疚。在物质上,只要有的、能买到的,对孩子的需求都一一满足。孩子不喜欢读书,家长也不强求;孩子不写作业,家长就去和老师沟通少交,或晚交作业。孩子习惯了以自我为中心,在学校受不了一点点的委屈,容不下老师和同学说"不"。遇到不顺心的事,或受到批评就讨厌去学校,更不愿意听到谁说"学习"两字,紧接着成绩一次又一次地排后,最后一落千丈。

笔者观点 家长要引导孩子不要认为父母离婚后自己会缺少一方的爱,就变得和别人不一样。告诉孩子,他与其他人一样,拥有友善、独立的品质。人生会经历多重角色,当身为父母的那一刻起,就是一场修行的开始,不断地磨炼耐力,修养品行。用智慧教导孩子,为其树立正确的世界观、人生观、价值观,它就像航海用的一鼎罗盘,引领前方正确的航向,在这条渐行渐远的航程中,能够走得更平稳,更顺畅。

远离责怪

有的单亲家长一个人带孩子，因工作压力大，或经济紧张等原因，再加上对前配偶的憎恨，心情一有不顺就把孩子当出气筒。而另一方认为离婚了，照顾孩子是凭心情的事，三月五载象征性地问候一声。孩子得不到父母双方的关心和爱，感觉自己已被抛弃，便开始自暴自弃、放纵自己。

笔者观点 自私的父母不要总是找一些"离婚了，和我有啥关系？""工作忙、为了挣钱养家糊口"等诸如此类的借口。其实再多的借口也无法掩盖其未尽到父母责任的事实。花有重开日，人无再少年。孩子的成长只有一次，千金也买不回来对孩子这段缺席的陪伴，万金也换不回孩子缺少的爱。爱出者爱返，福往者福来。如果你的孩子接受爱心满满的陪伴和无微不至的呵护，他也一定会以"谁言寸草心，报得三春晖"的情怀回馈于你，你说呢？

拒绝苛责

父母离异后，有的孩子和继父或继母在一起生活，有的继父母考虑到自己的敏感身份，不想因为一些事情和孩子的亲生父／母发生冲突，于是他们选择不去干预孩子的事情，只是负责让孩子吃饱穿暖，维护物质生活。

有的继父／母则不同，他们将继子女看成眼中钉、肉中刺，当作是累赘，好事是自己的，坏事都推给孩子，故意挑拨配偶训斥孩子。孩子从前是亲生父母的宝，现在却变成了别人屋檐下的草，慢慢地形成了扭曲的性格，变得孤僻忧郁。

笔者观点 既然父母选择了新生活，爱屋及乌，就要接纳孩子。继父母应多体谅，用爱心和善心对待孩子，让孩子感受到这份亲情的温暖和家的存在。还要善于发现孩子的优点和进步，及时给予表扬、鼓励，不断地增加孩子的自信心。对待孩子的学习要有责任心，主动和孩子交流学习的情况，以便及时解决。成绩不是一朝一夕就能得到提高，而是长期的坚持和点滴的积累，就像一颗小雪花，终究会成为一个大雪球。

虽说家庭结构变化会给孩子带来影响，但是，这并不是绝对的。有些离异家庭的孩子，他们能快速地适应新的生活，重新恢复青春活力。归根结底不管是离婚还是不离婚，孩子的快乐与否，取决于家长的教育方式。

我与杏子的妈妈是好朋友，我俩无话不谈，更多的还是讨论对孩子的教育。杏子从小几乎由妈妈一个人照顾。到了周末和假期，除了参加兴趣班和补课，就是和妈妈一起参加室外活动，生活得很充实快乐。到了小学二年级，杏子的父母离异了。杏子选择同妈妈一起生活，妈妈对孩子极其疼爱。杏子格外听话懂事，她更加努力地学习，积极参加课外活动，与同学友好相处，最后被一所军医大学录取。

我身边还有一人，大卫同学，在他4岁时，父母离异，由妈妈一个人带着孩子。妈妈对儿子百般呵护，偶尔发现儿子不高兴，第一时间过来安慰儿子，并给予正确的引导。大卫7岁时，继父加入了这个家庭，从那一刻起，继父也踏上了培养孩子的征程，经常陪大卫出门散步，带他参加各项体育活动，到野外亲近大自然。经过妈妈和继父的精心努力，大卫身心健康，快乐成长。后来以优异的成绩考进了一所名校。

可以看出，由一方家长带着，或在重组家庭中成长的孩子，依然可以是健康快乐的。这些孩子不仅具有良好的人格品质，在学习上也会取得好成绩。这就意味着，离婚本身不影响孩子的成长，影响孩子成长的是家长自身的素质以及采用的教育方法。

第四章 家长理性对待特长班

目前社会上流行着不同种类的特长培训班,家长带着孩子去培训班的热度也越来越高。众所周知,发展特长一方面能让孩子享受快乐,另一方面能掌握一项技能,这本是一件一举两得的事情。但是,家长选择特长班时,不能贪多,应以孩子的爱好为原则,提供一个快乐又有放松的环境,这样才符合孩子成长的基本规律。其实每个家庭选择特长班的出发点各不相同。有些家长希望孩子刚刚踏上人生的起跑线,就能一路领先,于是报了很多不同的艺术特长班,希望孩子能成为全才,将来在社会上具有较强的竞争力。还有攀比心较强的家长,看到别人家的孩子报班,也跟着报班,认为这样才不会亏待孩子。

就算明知学校布置的作业还没做完，还是忙于奔走在各个特长班之间，这个结束去那个。尤其在课改以后，学生的课业量减少，家长更是加码，无形中又延长了在特长班的时间。殊不知，科目繁多的特长班，占据了大部分时间，下课回家后还得练习巩固。参加的班很多，却很少是孩子自己喜欢和擅长的。明明孩子喜欢的是唱歌，家长非得去安排练习跆拳道，说是以后可以防身；明知喜欢的是画画，非得给报个体操班，说是以后身材好；知道爱好是游泳，硬是逼着去学钢琴，说是通过十级高考可以加分。家长认为有"好处"的班，其中一部分与孩子自身的爱好相偏离。长期下去会让孩子对其反感和厌恶，也给家长带来过多的经济压力，不得不节衣缩食、省吃俭用。

有一朋友，她儿子一天要去两个特长班，学不好就挨老师和家长的批评。这两个班的课程都不是孩子喜欢的，他不仅要花费时间，回家还要熬夜完成学校的作业，造成孩子很厌烦，动辄就暴躁。慢慢地落下了学校的功课，特长学到一半时不得不中途放弃了，结果弄得两头落空，毫无收获。

所以，过多的特长班未必能起到好的作用。这道理很好理解。好比是一个成年人，本职工作还没做好，又要去兼职，结果两样都做不好。

既然有些特长与孩子的兴趣错位，未来也不打算走专业化道路，就没有必要制造这么大的压力，弄得大人孩子不高兴。同事的孩子9岁了，性格阳光活泼，很招人喜欢。妈妈给报了古筝班，可是孩子不喜欢古筝，去了也不积极。恰恰这位古筝老师又比较严格，当着家长和同学的面，就黑着脸批评记不住曲谱的学生。同事孩子遭受了老师的几次批评后，逐渐变得不爱说话，整天表现得不高兴，以往阳光活泼的个性也变成闷闷不乐。

在大多数的孩子都奔走于各个特长班的同时，也有一些孩子没有机会发展其自身的爱好。他们不知道自己的艺术水平如何，也不知道自己的特长是什么，每天就只是坐在学习桌旁，除了学习复习，就是参加奥数、英语等不同学科的补习班。他们的家长只关注文化课学习，希望孩子变成会抓分的好手，而忽视了对艺术特长的培养，让孩子感到学习枯燥、生活乏味。

笔者观点 家长不要随波逐流地排满孩子的课余时间。也不要去那些培训班问孩子应该学什么。其实孩子平时的语言、行为和意愿都已经表明了，他喜欢什么，不喜欢什么。

大众认为的"特长",不一定是自己孩子的特长。如果一味地跟风而忽略孩子内心的感受,独断做决定,然后再去说服孩子学这个练那个,那么这个学习的过程是一个痛苦的过程,会得不偿失。

有个孩子曾说过,"妈妈让我练芭蕾舞的时候,是我最恨的时候"。反过来,如果孩子的所爱正是其正在学习的,他自会很愿意地、主动地去学习,可起到锦上添花的作用。不仅能放松自我、陶冶身心,在享受那份喜好的同时还能掌握一项专业技能。

我女儿读小学时,班级很多同学都去学跳舞、弹琴。刚开始,我带女儿学过几次,后来她不喜欢,即便是已经交了学费,也还是没有再去。她对读书感兴趣。每到周末,我俩一起去图书馆读书,她最喜欢的就是东野圭吾的书,还有《樱桃小丸子》。她总是会挑选出一摞书摆放在桌子上,然后专注地阅读。久而久之,她学会了选读重点,而且阅读速度也很快,几乎是一目三行。也正因为从小开始读书,等她到了高中,写作达到了很高的水平,仅仅几个小时就能写完一篇3000字的作文。上大学时也是选择了她热爱的文科类。所以,女儿从小学到大学毕业,都是在快乐、幸福的环境中学习和成长。因此，家长在选择特长班时，一定要斟酌筛选，尽可能地顺着孩子的意愿去选择，事先与孩子商量，征得同意后再去报名。从另一角度说，不去特长班也同样可以在其他领域发挥专长。学习不分重要、次要科目，孩子也不分优等生和差等生。每个孩子都具备独有的才能和天赋，也都有自己的爱好和特长。挖掘它，并为其提供发展的舞台，远比硬着头皮坐在不喜欢的特长班有意义。与孩子一起爬山、野营、参观企业等，都是必要的、不可缺席的室外学习领域，一边游玩，一边学习，左右采获。在室外有不同的、真实的学习场景，有专业的设施、齐全的工具、直观的先进技术，能够开阔孩子的视野，以及提供广泛的学习机会，由此加深了解世界之变化，感知文化的多样性，以便从中找到自己需要的东西，并在真实生活中自寻答案，为日后报考大学、选读专业，以及未来职业生涯的规划、发展，做好充足的预先铺设，能够清晰地知道未来发展方向，确保大学期间所学的科目正是自己所追求的、喜爱的领域。所以，室外学习不是无用的荒废，而是多维度、多元化地早日对人才的挖掘和培养。比如，与孩子一起探索大自然，当身临其境于自然景观，感受山丘、峡谷之奇妙仙境，由此孩子会对自然科学产生好奇心，并萌发出探索大自然的愿望，并推动他自发地去翻阅相关书籍，自我专研，为日后报考大学确定了方向。再比如，参观机器人企业、机械设备、汽车制造业等，孩子被其中的某个电路板，某个机械零部件，或编程、金属材料等所吸引，从此他找到了目标，并为之刻苦努力，为实现理想而奋斗。或者当孩子实践于木工制作的活动时，尝试了精美木制品的制作流程，体验了实践操作的惊奇，在自我反复实践中学有所成，学以致用，为日后主修专业奠定了基础。由此可见，室外的实践学习是锻炼孩子自主学习能力之启蒙之路，是在快乐中最大化挖掘潜能，有针对性地扩展专业技能的培养。这正是符合科技飞速发展的需要，也正是通往科学巨匠的绝佳之路。也正因此，诞生了无数的科学领路人。诺贝尔化学获得者李远哲教授，在初中时读了居里夫人的传记后，让他有了成为一名化学家的想法。于是，高中毕业后，就进入大学攻读化学专业，他的一生都在专研化学的道路上，为人类创造了一个崭新的研究领域。德国慕尼黑大学动物研究所教授卡尔·冯·弗里希，他从小就对大自然充满了好奇，特别喜欢到野外捕捉蝴蝶、蜻蜓、蚂蚱等，经常趴在地上看虫子半天也不起身，还会将捕捉到的昆虫带回家，像模像样地进行解剖,仔细观察它们的内部结构。弗里希教授一生坚持不懈地专研,执着于自身的热爱、追求,成为动物学、行为生态学的创始人。

第五章 谁会喜欢你的唠叨呢?

父母都将孩子视为珍宝,爱惜有加。爱也要讲究方法,否则,孩子很容易萌发出逆反心理,做出一些对抗父母的举动。我在写《移民家长卷入到孩子家庭作业的程度以及孩子对待家庭作业的态度》论文之前,曾对大量学生做过一项调查,他们最反感父母的行为,就是"唠叨"。"唠叨"存在于很多家庭中,尤其是妈妈,似乎已成为一种无法改变的生活方式。她们认为反复强调同一件事会让孩子印象深刻。虽说如此,但这很容易刺激孩子做出一些不好的行为。

虽然不停唠叨的家长出发点是好的,是对孩子要求严格,避免犯错。而有时候只为日常生活中的一点琐事,便开始了唠叨。眼睛盯着孩子的一举一动,发现其做出了不恰当的行为举动就没完没了地说教:"我和你说了多少遍了,就是不听,也没有一个好习惯""天天说,也不上心"。以前我也是一样,明明看到孩子在专心写作业,还时不时地过来"巡视"一圈儿,还得加上两句:"好好学习啊,学习再努力些""你得用功学啊"等诸如此类的话。每次我女儿听到这些重复的话,厌烦感瞬间飙升,恨不能我立即消失。

家长自以为反复地说教,孩子才能表现得百分百出色。实际上,只有婴幼儿在记忆发展阶段,需要家长重复着同一句话。对于小学生来说,反复地强调孩子的缺点,这些缺点就会在孩子的心里打下烙印,总觉得自己很差劲儿。这样一来,在遇到问题时,无论是好事还是坏事,他的脑子里总会回响着家长说过的那些自己很差劲儿的话,自然会深感自卑,变得缩手缩脚,没有信心去面对。

家长不要因为望子成龙心切,就对孩子提出过高的要求,见不得孩子犯一点点错误。有事儿就唠叨,没事也找事儿。唠叨不是正确的做法,伴随着出现一些弊端:1.它会让孩子产生依赖心理,记不住自己该做的事情,因为他知道家长会一直替自己想着,长期持续这种想法,会让孩子没有责任感和独立意识。2.唠叨让孩子产生过重的精神压力和思想上的包袱。3. 往往爱唠叨的家长很容易受到情绪的控制。当家长心情好时不停地夸赞孩子，夸得百般好。内心不畅时，就开始数落孩子的不是：这也不听话那也不懂事、不如某某同学成绩好、看看人家某某同学多懂事儿，将孩子说得一无是处，甚至把工作上的压力或生活中的不顺心也拿来发泄。这样下去会产生两种结果：对于性格内向的孩子，他心中的怒气会慢慢滋生，最终忍无可忍，与家长发生激烈的争吵。对于性格外向的孩子，他会用破罐子破摔的态度来反抗。

我曾调查过的学生中，其中有一男孩，每次在写作业的时候，妈妈都在旁边出出进进的，要么说写慢了，要么说写错了，总是能挑出点儿事儿。刚开始男孩用眼神对抗，发现对抗无效后，回家就不写作业了，以"在学校已经完成了""老师没留作业"等不同理由来应付妈妈的询问。最后老师因为孩子一段时间不交作业找到了家长，妈妈才知道此事。这种行为表现在心理学上被称为"习得性无助"。它是来自于心理学家马丁·赛里格曼（Martin E. P. Seligman）曾用小狗做过的一个实验。把小狗关在笼子里，只要铃声一响，就对它进行电击，小狗被关在笼子里无法躲避电击。多次实验后，铃声一响，在开始电击以前，他先把笼子打开，此时的小狗不但没有逃离，反而先倒在地上开始呻吟和颤抖。本来可以主动逃离的小狗，却绝望地等待痛苦的来临。此时，这个男孩的表现和小狗的状态一样，丧失了自信心，摆出一副自暴自弃、任意任人摆布的态度。记得我去学校接女儿放学，同学家长见到孩子的第一面问道："儿子，今天测验考试多少分，排名第几呀？"如果孩子考得好，家长孩子乐呵呵。如果成绩不好，家长就不分场合地开始了说教："我这一天容易吗？不都是为了你吗？你咋这么不懂事儿呢？"本来孩子就害怕家长知道成绩，听到这些话后，更是绝望到零点，为自己而伤感，"为啥我出生在一个家长这么差劲儿的家庭呢？"笔者认为，孩子不是谁的附属品，也不是替代品，他是独立个体，有自己的人格和尊严。家长不应在外面，或当着其他人的面数落孩子。想说的话，回到家关上门，俩人的话俩人说，何必在外面逞自己的威风呢？再者，家长应尊重孩子的隐私。孩子不愿意说的事，不要追问个究竟，给孩子空间，自行消化、反思。此刻，家长能做的就是给予关心和安慰。这样一来，孩子会感到家长是可信赖和亲近的人，也是懂自己的人。它不仅能拉近与孩子的关系，下次有事儿孩子会主动和家长说。孩子是家长的命根子，家长是孩子的掌舵者，孩子的航向，取决于舵手的执业水平。所以，一个优秀的孩子，背后一定有一位伟大的母亲。一个成绩好的孩子，一定有一位善解人意、读书万卷的母亲。

唠叨不是坏事，只要恰如其分，适可而止。我曾经这样做过，当发现问题忍不住想唠叨时，先闭嘴想一下，将重点内容梳理好，确保在10-15分钟之内说完。一段时间后，很多事实证明这种方法很有效。因为人的专注力有限，在注意力集中的短时间内，说出重点，能够吸引对方的注意力，专注于倾听。啰里啰唆只会适得其反，起不到任何成效。

"随风潜入夜，润物细无声"。如果家长言语简明扼要，孩子也会条理清晰。会教育的家长，不会为平日里那些日常小事而唠叨没完，他会适当提出原则性的建议，或给予相关的提醒。让孩子自己做主，自己选择，既能锻炼孩子的决策能力，又能表达出对他的信任，何乐而不为呢？

言语是表，行动是根。话不要说得太多，否则行动就赶不上了。以上的方法适合于每个人，更适用于当代家庭教育。

第六章 家父的教子之道

圣人则天,贤者法地,智者则古。骄者招毁,妄者稔祸,多言者寡信,自奉者少恩,赏于无功者离,罚加无罪者怨,喜怒不当者灭。

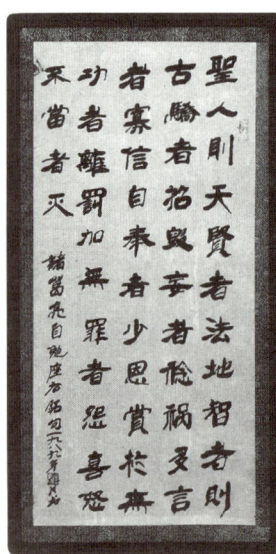

这幅字是家父的亲笔,左下角红色落款标记的是家父的大名——冯展亭。这幅字书写于1989年元月,当时家父52岁,至今已有34年。这段文字不管是作为家训也好,还是作为教子之道也好,它让我懂得人贵在有自知之明。一生中不断地自我劝勉、自我鞭策,不漏圭角，不得意忘形，严格规范自己的行为，修正内心的意念，像圣人一样有着无比高尚的人格品质。多年来，我将这段话视为智慧宝典。每一个文字所包含的教义，每一段话所传授的智慧，一直作为我提升思想的精髓，成为我修身立德的箴言。每当我迷惑、困苦时，这些文字就像一盏明灯，引领我朝向正确的方向前行，让我受益无穷。为了深入学习其字里行间所隐含的意义和精华，以下逐条将其解读，以便理解透彻，永记于心。

圣人则天

有大智慧的人都遵循自然规律，遵循世间万物自身的、正常的发展和变化规律去行事。智慧的人懂得尊重春生夏长、秋收冬藏，善于顺应日出而作、日落而息本来的样子，而不是刻意去强求、扭曲或破坏它们。他们能控制好自己的欲望，不被名利所扰乱，不为物迷失了本来的自己，以致欲壑难填。更不会迷惑于贪、嗔、痴、慢、疑，而是以博爱天下之情怀，与世间万事万物和谐相处。执着于自我努力，奋发上进、自强不息，这样的人自然是顺意、成功的一生。

贤者法地

高尚的人效仿大地的宽厚仁慈,总是以和谐的态度顺应自然界的运行。高尚的人像大地一样,具有包罗万象、接纳山川河流的宽广胸怀,才有了世间五颜六色和千姿百态。他们像大地一样抱有一颗谦虚之心,善纳忠言,集众人之智慧于一身。正因如此,他们已达到海阔山高般的至高境界。他们能够放下个人利害得失,以众人之利为利,从而达到无私无我的境界。他们像大地一样,具有坚毅刚强、不畏艰难的品质,因而成就了自己的傲然不群。

智者则古

智慧的人效仿古圣先贤,他们对圣贤的高尚品格有着无比的追求和仰慕。智慧的人有志于学习圣贤修身、正心、齐家的风范,通过不断地完善人格,提高抵御物欲引诱的能力,以便不会堕落为恶人,而招致天怒人怨。

智慧的人像古圣先贤一样注重道德品格的提升。他们有良善良知,常常怀有恻隐心、羞耻心、恭敬心、是非心和感恩之心,做到时刻保持善良的品性,以善念来滋养心性。

智慧的人学习圣贤的朴实无华、谦虚低调,以吾日三省吾身为准则，时刻反省自己，改进自己。

骄者招毁

通常拥有一些真本领的人，都会取得优异的成绩，由此散发出一种满意和喜悦的心情，也是无可厚非的。但如果将满意发展成满足，喜悦演变成狂妄，从此会变得高傲自大、目中无人，甚至因得意忘形而忽略了危机的存在。这样的人很容易招惹一些祸端。俗话说，天狂有雨，人狂有祸。历览古今，有多少人因骄傲而毁了自己，因自大最终沦落到一败涂地。谦虚谨慎，实乃天道。真正品德高尚的人都会顺应天道，即便他取得了很高的成就，依然做到功成不居，无论走到哪里都会受到他人的尊敬。真正厉害的人，也是从来都不会炫耀，即便饱有才识、厚禄高官，依然不漏锋芒、时时精进，从而成就了更高境界的人生。

妄者稔祸

俗话说，舌是利害之本，口是福祸之门。我们身边不免有一些狂妄者，他们习惯性地对别人不尊重、不顾及别人的脸面和感受，口出狂言，摆出一副自视清高、自认了不起的架势。他们习惯炫耀浮夸，自诩优秀。这样的人存在"自我认知障碍"，丧失对自身能力的正确判断，看不到自己的坏毛病不说，还总是故意挑剔别人的缺点。这种品性的人，会遭到他人的鄙视，迟早会招惹祸端，这种不良品行也最终成为他们生命中的一块绊脚石。

多语者寡信

在人际社会交往中，都讲究一个"信"字。言必信，行必果，遵守诺言，兑现诺言。言而无信非君子，许诺了不去做，会引起人们的厌恶。看看那些轻易许诺的人，他们往往把事情想得过于简单，忽略了问题的难度。当面对一件事，如果没有足够的把握，不要随意许诺。一旦完不成对他人的许诺，一方面是对别人的不负责任，另一方面也耽误了别人的事情。生活中总会遇到不懂得"信"的人，只要遇到大事、小事，往往不经过大脑思考，随口答应。当无法兑现承诺时，他会落下不守信用的名声，反而得不到他人的尊重。同样，作为倾听者要慎重考虑许诺者的能力和诚意，不要轻信那些口无遮掩、惯于画饼的人，更不要被一些花言巧语诱导，避免耽误了自己的事情。

信用是一个人的明信片。一诺千金的人，遇事有人愿意帮助他，事业上有人愿意与他合作，做事自然顺风顺水。若不守信用，会让身边的人远离他、鄙视他，更何谈成功？守信用重诺言，是成大事的根本。

自奉者少恩

有人取得了好的成绩，就不停地炫耀自己，夸大成绩。俗话说，一弦难成音，独木难成林。每个取得成绩的人，背后都离不开默默为他付出辛苦的人。那些不停地夸大自己、自吹自擂的人，却不曾想到他人的付出和帮助，他认为别人的帮助是理所当然。人世间，没有理所当然，谁也没有义务必须对谁好。对于只顾自我奉承，看不见别人的功劳，是没有感恩心的人，这样的人等同于没有良心，更没有人性可言。

赏于无功者离，罚加无罪者怨

古代圣人在治民理政时，通常使用的手段是奖赏与惩罚。时至今日，在家长与孩子之间、领导与下属之间，赏与罚依然是他们最常采用的方法。

赏是对一个人的功劳给予的认可和奖励。它能促进一个人继续保持优秀的品质、继续做好事的积极性。罚的目的是纠正一个人的不良行为，制止所发生的错误。赏与罚是两种不同的手段，要使用得公平公正。不能按照个人的情绪和意愿，随意地奖励那些没有功劳的人，这样会失去人心，众叛亲离。切记不可因个人偏激，或私心，利用自己的权势，肆意惩罚他人，这样会招惹怨恨，让人怀恨在心。

赏与罚好比两把利剑，二者要用到恰到好处。不管对方是谁，做得好有功劳，就应论功行赏，给予奖励。做错了则应按错受罚。只有做到有理可循、不偏不倚，才能赢得人心，令人称赞。

喜怒不当者灭

自然界中的万事万物是在变化着的，黑夜白昼，月圆月缺。人也不例外，情绪会时好时坏。好与坏的情绪会无形地传染给身边的人，这种传染力看不见，摸不着，却非常清晰、真实。一个人好的情绪，内心的愉悦，会使他的家人和周围的人也是快乐的。经常被坏情绪左右的人，他们大都有共同的缺点，比如冲动、易怒、暴躁，这会让身边的人产生同样的情绪。当他们冲动时，做出的决定都是鲁莽的，是失去理智的，最终会面临不可收拾的后果。这种类型的人，他们缺少的不是体力和才能，而是缺少控制情绪的能力。人生不如意十之八九，控制好情绪是人的本事。凡成大事者必有所忍。只有管理好自己的喜怒哀乐，才能做到张弛有度、收放自如。人们常说，弱者由情绪控制行为，强者由行为控制情绪。倘若人们控制好了情绪，也就掌控了成功的一生。

第一篇 家庭篇

02 第二篇 学习篇

每个孩子都是一颗小火种,自会散发独有的光芒,只是与迟早而已,但绝不会缺席。

——作者

第一章 测试与反馈两者兼而有之

在美国,标准化考试给学生和家长带来了焦虑和恐惧。越来越多地父母强烈要求取消标准化考试,并指责美国学校强制性的执行考试,把教室变成了备考工厂,而不是真正有意义的快乐学习校园。如今这种局势已经成为美国教育领域最具有争议的问题。

标准化考试它不同于我们日常进行的测试练习。测试练习本质上也是一项考试,只不过它是在日常学习中进行的考试练习,是对前一阶段学过内容的检测,进一步强化学过的知识。它的好处是可以通过平时频繁的测试练习,促进学生对知识产生更牢固的记忆和更深刻的理解。为什么会这么说?认知教授马克·麦克丹尼尔(Mark A. Mc Daniel)通过大脑磁共振成像功能揭示了测试练习背后的神经机制。我们的大脑是根据事物实用性或想法去选择记忆，它对将来需要知识的可能性很敏感。比如现在搜索到一条信息，这条信息它能激活已被长期记忆的相关信息，然后这些激活的信息可以与搜索到的目标形成编码，组成一个详细的跟踪，提供多路径方式，以便于以后访问该信息。

普渡大学认知心理学教授曾说过，当一个学生从记忆中调取信息时，记忆就会发生改变，会变得更强、更稳定、更容易接近。当学生进行测试练习时，需要大脑从记忆中搜索知识，使相关信息被激活的频率和编码数量有所增加。当从记忆中搜索已被记忆的相关信息时，会产生新记忆的过程，也是对记忆的强化，是更有效的学习方式，不仅有助于防止学生将当前的学习内容与从前学到的内容混淆，还可以通过触发详细的搜索过程来增加相关信息的保留率。在我学习教育学时，导师曾带领我们做过一项实验，要求同学们背写学过的术语单词。结果显示，经过反复测试的同学，对单词完整拼写率达到80%，而那些不参加测试，只进行反复阅读的同学只记住了30%的单词。很显然，测试练习效果显著。

其中的原理主要体现在，当测试练习时，大脑会产生两种不同的效应，即间接效应和直接效应。间接效应是指考试后发生的编码数量与其在随后的学习中发生的变化。直接效应指的是参加测试练习时引起的学习变化。与学习新内容相比，学生参加测试练习过程中大脑的特定区域越活跃，在数周或数月后记忆会更加清晰深刻。也就是说，大脑特定区域随着搜索信息的频率而发生记忆改变，这时大脑的特定区域会产生更高更强的活动水平。

之前，我教同班学生学中文。我会领读一些简单句子，"我要一个苹果""你好吗？""早上好""晚上好"等。有几名女同学，她们对中文很感兴趣，学习起来特别用心。她们将学过的内容记在小本子上，每天下课时特意来找我，拿出本子读一遍那些内容。然后问我，"correct？（对吗）"。慢慢地，她们能用中文和我交流。

所以，每天进行测试练习这种方法很有效。一方面通过测试练习来提高学生对信息的组织能力，以便支持更多信息的保留，有助于增强记忆；另一方面，测试练习可以利用大脑内存获取信息的途径来更好地唤醒回忆,加深理解和掌握。通过更多的实验结果证明，测试间隔越短、越频繁，效果越好。比如，每周三次，或每天一次，不是每学期三次。测试练习并不是特别耗费时间，它可以利用复习或写作业的时间来完成。与其他学习方法相比,测试练习具有明显改善学习效果的实用性。

除此之外,测试能带来以下好处:

- **减少焦虑**。标准化考试作为决定学生未来进入大学的评估手段,它往往让一些学生感到焦虑和恐惧。测试练习会让学生置于考试状态,慢慢地适应考试的环境和氛围,从而减少焦虑。
- **突出知识差距**。通过测试练习,会很清楚自己对学过的知识明白了多少,哪些知识点不能够完全理解,哪方面还需要进一步努力。
- **做好时间管理**。进行测试练习,会对考试题型、样式或整体构成有一定的了解。当正式考试时不会对陌生题型感到紧张,可以自如地规划好答题时间。
- **降低压力**。测试是对学过知识的检验,频繁练习会加深学生理解和牢固掌握学过的内容,会增强他们的自信心从而降低压力水平。
- **强化学习**。参加测试练习能扎实地掌握更多的知识,实际上比花同样多的时间机械性学习更有益。这是因为测试练习使个人能够以某种独特的方式存储信息,而这种存储方式很难忘记。

- **锻炼耐力。** 标准化考试时间通常在 1.5-3 小时之间，对有些学生会感到没有耐心，测试练习能磨炼耐力。

测试练习，它的最大价值还在于能够及时地给予反馈和纠正，找出漏洞并及时补救，避免错误持续发生。相关实验表明，仅有 30% 的反馈并不能有效地改善学习，而 100% 的反馈和全方位的纠正是提高学习效果的一把利剑，也是改善学习质量的正确途径。它的好处是通过学生测试后的结果，及时地与教学目标相对照，以便了解学习目标的达成情况，确保及时地调整学习方法。它可以采用多方面的反馈方式。一方面，老师或家长根据学生的学习情况提供及时的反馈。反馈和纠正这一过程，能够及时纠正错误，还会让学生们感受到来自老师的关注，会更加激发学习上进心。另一方面，学生根据测试结果自己做检查，可以将出现的错题写在错题本上，并找出正确解答方法，以便日后不再出现同样的错误。

频繁的测试练习、反馈和纠正，是一种技能和习惯的培养。它是一个不断重复的行为，只有在坚持的情况下，才能有所巩固和提高。所以学习不要像美国公立学校那样缺少反馈和纠正这个环节。他们每年平均只有两到三次的测试练习。

他们的标准化考试通常由商业教育公司提供给学校，学生的考试分数通常在考试结束数周甚至数月后通知学生。为了维护考试内容的隐秘性，商业教育公司不提供考试内容的逐项反馈，只是告诉学生分数。在国际比赛中，其他国家如芬兰和新加坡的学生成绩遥遥领先于美国。究其原因，美国学生根本不知道成绩排后的问题出在了哪里，更不知道哪些问题的回答是正确的，哪些回答是错误的。他们缺少反馈的意识和习惯，浪费了改正错误的机会，当然不会有好的成绩。就连在平日里有很少次数的测试考试后，学生也是看完成绩随手就把卷纸塞到了某个地方再也不看，似乎什么也没发生过。通常连作业都不交，怎么能够去改正错误呢？

第二章 间隔练习提高学习成效

通常学生都是根据自己的考试分数和所完成练习的正确率来判断正确的学习方法,其实这种判断依据是不够全面的。如果选择在正确的时间学习、练习,可对知识掌握的牢固性和持久性起着推波助澜的作用。

然而,大部分学生在做一些复习时,通常是根据直觉或跟随心情,而不是跟随"科学记忆"的指引。这意味着,人们一直采用的被认为是"有效的"方法实际上恰恰不是最有效的,因此导致学生的学习方法和所获得的成绩发生了根本性转变。

一般来说,大多学生采用集中学习和练习的形式。每当学完一个章节后,直接转到下一个章节,最后集中到一个时间进行练习。这种形式学习的问题在于，所学过的知识有可能很快忘记，无法保持长期记忆。

这一理论是根据心理学家赫尔曼·艾宾浩斯（Hermann Ebbinghaus）提出的间隔效应。在此效应被提出的一百年间，全世界范围教育领域也普遍发现这种把时间化整为零，采用间隔练习的效果更佳。就是把一次集中学习和练习，分解成若干次短期学习和练习，并拉开每次学习之间的时间间隔，而不是在短时间内重复进行。确切地说，当学生为考试而准备复习时，在较长的一段时间内更频繁地分散练习，将比在考试的前几天集中复习更有效。

有一次，导师让我们以 PPT 形式做 Presentation（陈述）项目，题目为《你希望未来的学校是个什么样子的？》。这项任务要求演讲流利，不少于半小时。我们小组有四人，各自有不同的分工。一名男生负责教学环境的设计，另一名男生负责教学设施方面，我负责课程设置，还有一名女生负责师资管理。我知道自己的口语水平不是很好，又不好影响小组的成绩。于是，在第一周我把内容写下来，每天反复地背诵。后来，我间隔 3-4 天背诵一遍。再后来，我一周背一遍。那天在陈述现场，达到了我的预期效果。

另外两名男生，他们平日里不学习，到了陈述的前两天，我们集中演习时，他俩才紧锣密鼓地练习。结果在陈述现场，他们讲得颠三倒四，牵连了小组的成绩。他俩之所以差，是因为在短时间内集中地学习，它没有让存储在大脑里的信息，通过时间间隔来进行整合和沉淀，所以不会产生好的记忆效果。

诸如此类的实验很多，更为显著的一项实验是在2014年，约克大学对小学生进行的集中组和间隔组学习策略的实验中，间隔练习组的成绩遥遥领先于集中练习组。由此得出，不同的时间学习一项内容，比一次性集中学习更有效。什么是间隔练习呢？我们不妨把它分开解读，这个词就变得更加容易理解。间隔＝分开，分散；练习＝反复做某事。间隔练习可称为分散式练习，或分开反复地练习。

间隔效应的原理

间隔效应的依据是什么呢？毫无疑问，取决于大脑的运转机制。大脑是一个多元综合体，是一个记忆的宝库。大脑经历过的信息，都成为记忆的内容，被存储在大脑的内存里。它存储的容量可以达到10^{15}比特，可以理解为能记住图书馆里所有书的内容。大脑包括左右大脑半球，左半球和右半球的分工不同。左半球负责处理语言、进行逻辑思维、分析、归纳、计算以及理解等事项。右半球负责艺术、音乐、绘画、想象等事项。

大脑在记忆信息时，它是根据自己的功能和职责工作，而不是按照先后顺序记忆的。它喜欢有一定意义的事情，对一件连续重复的事情不感兴趣，会降低注意力。比如，你反复读"computer""computer"，过一会儿你会发现又忘了，大脑好像没有真正去工作，似乎处于停机状态。

如果是在同一时间内将不同课程分散开，穿插学习，这种内容交替混合的学习方法，会提高大脑的灵活性及应变能力，会加强新旧知识之间的关联，从而增加记忆。我曾在《芬兰的教育奇迹以及学生学习策略》论文中做过一项调查，让初中生学习30个英语单词，学习时间为45分钟。35个学生采用间隔练习，先连续学习3天，每次学习15分钟。另一组学生采用在同一时间内集中练习45分钟。第四天所有学生开始测试。结果显示，间隔练习记忆率高且记忆长久，集中练习记得快，忘记得也快。结果如下图：

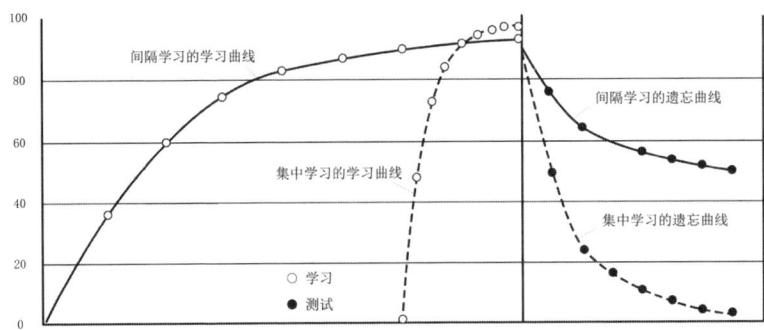

上图实验表明了间隔练习的优势。的确，任何事情都有它的可比性和两面性，下面我们来探讨集中练习和间隔练习的一些优缺点。

首先，间隔练习是通过在不同的时间启动大脑对信息进行回忆和理解，来刺激最初存储在大脑里的信息，有助于加强理解，增加信息保留率。简言之，第二次学习的目的是唤醒第一次学过的信息，使得这部分知识在大脑里反复出现，反复提及，反复与其他联想挂钩，从而增强更长久的记忆。再者，当学生间隔性地反复练习时，长期记忆被激活，记忆可以持续到 5 年、10 年甚至更长。

相比之下，今天的学生习惯采用的练习方式是集中练习。人们认为这是有效的复习方法，而实际并非如此。当重复操作某件事，而不利用间隔时间休息时，就会产生大规模的练习，可以归结为信息拥挤。这种方式并未帮助学生内化他们所学知识背后的基本含义，它比较适合短期记忆。如果学生们在考前大量复习，并相信这种流行的填鸭式学习方法是有效的，虽说短期内填鸭式学习总比完全不学习好，可是有时你前一天学习了很多，准备很充足，第二天一到考场就什么也记不起来，这是因为记得太多了。的确，每种方式都不是绝对的，这两者都有各自的优势，如下表：

学习方式	优点	缺点
集中练习	能有效培养专业的技能（比如游泳、打球）	没有反馈和反省
	有利于掌握基本知识	容易无聊和疲劳
	适合考前突击	只能产生短期记忆
间隔练习	产生长期记忆，利于后续学习	学习时间要做好规划
	学习同样课程花费时间少，效率高	反复学习同一个知识点很可能会造成情绪低落
	身心放松	一直记得还有未完成的任务
	通过记忆检索，可以提高思考能力	掌握专业技能会需要更长的时间
	有时间反馈和反省	

堪称美国心理学界泰斗的威廉·詹姆士（William James），他对教学、学习和记忆，曾抛出一些建言，强调了间隔学习的优势，并在《致教师箴言》中阐述了，填鸭式教育犹如让学生在遭受严峻考验，这种密集苦读，

将知识积压在脑海中，没有形成关联记忆。反观同样的课程学习，分散在不同的日子、不同的情境下，一次又一次地阅读、背诵，能和其他事物产生关联记忆，知识点得到回顾，就能深深印在脑海中。

任何事情都不能一概而论，应根据情况而定，采用间隔练习，也需要符合其先决条件：

1. 同一主题：学习的每个环节必须侧重于同一个主题。

2. 初步掌握：对课程内容要有基本理解。

3. 间距：初次学习后，随着时间会忘记。

4. 检索：当学习新的主题时，必须从记忆中检索以前学到的同样的主题。

5. 重复：在不同的时间内重复学习同一主题。

从本质上讲，学习过程看起来是这样的：同一主题→短期保留→间距→检索→长期保留。想象这种学习技巧，就像做体育运动项目，需要在两组练习之间休息，以获得充分的空间，减少疲劳，使肌肉得到发展。

准备考试的最佳间隔时间

如果你学完某一门课程，最好能在初次学习后的一天或两天内加以复习；接着是一周分 3-4 次练习；再是一星期之后；再就是一个月左右。

用于哪些课程领域

经过实验室对间隔效应的反复验证，得出它适用于学习英语单词、背诵诗文、学习定义，以及相关概念等，在学习数学方面的效果也同样显著，就它的可靠度，是其他方法不可比拟的。

间隔练习就是这样一种学习方法。现在你熟悉了以上理论，可以根据学习情况来创建一个适合自己的学习时间表，去体验它的好处。在表格里可以记录内容，每天进行自我核实，必要时随时调整计划，同时还可以激励自己比以前做更多的练习。示范表格如下：

学习任务							
科目	周一	周二	周三	周四	周五	周六	周日
数学	√		√			√	
英语基础		√		√			√
语文			√		√		
历史		√			√		
生物	√			√			√

第三章 学习离不开的常用方法

　　绝大多数的学生都怀着努力学习、取得好成绩，以此来回报家长的决心。爱学习成绩好的学生，在做作业时会感到轻松，也能考出好成绩。可有些学生学着学着就落后了。老师讲课听不懂，作业不会写，考试不及格。同样的老师，一样的教材，学生的学习为什么会出现这么大差别呢？他们觉得是因为"我笨""我不是学习的料"。其实学习不仅需要勤奋刻苦，还要有正确的方法。若学习方法不合适，那么不懂的问题会越积累越多。刚开始会陷入沮丧和焦虑之中，渐渐地对学习失去信心，从而引发自卑心理。于是引发了一系列的连锁反应：想学→学不会→不会学→失去自信心→感到自卑→厌学→辍学。

好的学习方法再加上勤奋努力，学习会事半功倍。就好像伐木工人，如果用斧头砍树，一天只能砍一棵树；如果用电锯的话，一天能锯一车树。所以，孩子每天放学后，先为自己做个当日小计划。比如：

17:00—18:00	吃饭	1小时
18:00—18:30	复习当天学过的课程	30分钟
18:30—18:45	休息	15分钟
18:45—19:30	做数学作业	45分钟
19:30—19:50	休息	20分钟
19:50—20:20	读英语课文	30分钟
20:20—20:30	休息	10分钟
20:30—21:30	预习语文、数学	60分钟
21:30—22:00	洗漱睡觉	30分钟

小计划大用处，这样会锻炼孩子以下方面的能力：

1. 促进孩子有时间概念，学会自行管理时间，为日后的学业和事业做好时间管理的准备。

2. 避免在某一学科上耗时过久，而耽误了其他学科的作业。

3. 能清楚地知道哪些是自己的强项和弱项，以便有针对性地查缺补漏。

4. 养成主动学习的习惯，主动的学习会产生学习兴趣，兴趣是进步的第一步。

有了小计划，就如同有了导航。当你开车去一个陌生的地方时，导航能合理规划路线，提升专注力，让你开车时不必分心去思考下一步往哪个方向走，也不用去思考到达目的地的时间。

不仅有必备的小计划，还应有合适的学习方法。下面介绍一种常用的学习方法。

第一步，预习的方法。俗话说，工欲善其事，必先利其器。做任何事情之前尽可能地做好准备，避免后续产生更多的麻烦。虽然这会花费些时间，但磨刀不误砍柴工，它会带来更多的收获。预习就好像是一把刀，先把它磨锋利了才能砍到更多的柴。预习是将次日上课要学的内容先看一遍，知道老师要讲的知识点有哪些，把不理解的问题画上记号，再把自己不会的题写在预习本上。

预习的深入程度取决于时间是否充足。如果时间紧，就将学起来吃劲的科目粗略地读一读，重点理解一些定义、公式、生字词及时态句型等。如果时间充足，可以试着做些课后练习题。

在听课时可能会堵塞在某个难点上,造成听不懂后面的内容,一步落后就步步落后。这样一堂课下来,听得半懂不懂,很容易降低学习动力。有调查显示,预习后在课堂上能懂90%的内容,不预习在课堂上能懂50%-60%。

第二步,听课的方法。听课是学习的关键。课堂上要全神贯注,养成边听课边记笔记的习惯。好记性不如烂笔头,将解题思路记在笔记本上,以便于日后加深理解和复习。笔记不能盲目地记,要抓住重点和思路。不要盲目地记了一大堆,下课一看都是书本上有的,书本上没有的重点一个也没记上。这就和预习有关系,不预习就不知道书本上的内容,就出现了盲目记笔记的现象。

第三步,复习的方法。学生回到家,先复习当天在学校学的课程,再做作业。把学过的内容理解透彻,再翻看笔记,复习重点,一边复习一边复述更能加深记忆。最后要查缺补漏,将漏掉的内容补到笔记本上,难点问题写在错题本上,反复练习加深理解。

第四步,做作业的方法。当天学的内容复习一遍后,开始写作业。认真写作业会加深知识的记忆。作业要独立完成,不要照抄答案。

　　勤奋刻苦的学习，再加上合理的学习方法，可以使得学习进入良性循环的状态，它就像时钟一样嘀嗒嘀嗒地推动你稳步前进。

第四章 让阅读点亮你的人生之路

　　孩子如同一棵小树，成长中需要专业的培植技能和营养丰富的养料，在精心呵护下，日复一日，茁壮成长为一棵遮风挡雨的参天大树。世界上有一种营养成分丰富的养料，那便是——读书。

　　爱读书，是一种美德。读书之美，美在修炼思想、觉悟人生。无论生活处于何种境地，即使是已跌入谷底，他都能坦然面对，不责怪别人，不抱怨没有好的生活环境，更不会埋怨命运的不济。他能看清事物的本来面目，以至于不困惑、不忧郁。读书能养正气，让人懂得饮水思源、知恩图报。读书的人不孤独，任何时间他都可以与智者产生心灵的对话和思想的共鸣。读书犹如一股清风，将人带到一个心灵澄明、宁静致远的至高境界。从此以智者的眼光看世界,以圣人的气度面对人生,不骄不躁,内心一片祥和与豁达。

　　读书能够增长人的智慧,提升思想,志存高远。人们常说,不读书真可怕。可怕的是仅靠蛮力生存,很容易冲动、怨气、愤怒,会走很多弯路,甚至做出鲁莽的行为。几千年来,从一个原本资源匮乏、寸草不生、人们颠沛流离的国家发展到强大的国家,如此命运的改变,首数以色列国家。在以色列,平均每5000人就有一个图书馆,平均每人每年读64本书,是世界上读书量最高的国家,犹太人也是被公认为"世界上最聪明的人"。犹太人的文化不同于其他国家,他们很重视家庭的教育,他们认为留给孩子财富,不如让孩子变成财富。他们有自己的习俗,家庭里的书柜要摆放在床头,不能放在床尾,表示对书的尊敬。在孩子刚懂事的时候,母亲就会翻开《圣经》,将一滴蜂蜜洒在上面,然后,让孩子去吻《圣经》上的蜂蜜。接着母亲告诉孩子:书是甜的。由父亲承担孩子的启蒙教育,被视为上帝派来的第一位老师。孩子从3岁开始,父亲要指导孩子读圣经。13岁时,圣经要读得滚瓜烂熟,里面那些偏僻的字也要熟记,并开始接受成年礼。在每个周五晚上六点左右的时候,犹太人家庭要过安息日。这一天,

第一篇　家庭篇

父母和孩子在晚饭前洗漱换衣，父亲穿着正式，母亲穿礼服，孩子也要穿得很整齐，不开灯，不允许发出任何的嘶嘶声音，不允许做任何事情。晚餐由母亲点蜡烛，父亲主持，饭后由孩子分别和父亲谈论学习的情况。犹太家庭不仅重视孩子的教育，而且父母以身作则，和睦相处，相互尊重，以良好的形象展现给孩子，孩子同样表现出良好的行为和修养。

读书是命运的引领者，是成功的开拓者。读书是一种习惯，习惯的养成来自家庭环境。爱读书的孩子，他一定是生活在有读书氛围的家庭中。

美国著名物理学家阿瑟·霍利·康普顿（Arthur Holly Compton），他生长于书香门第。他的父亲是伍斯特学院的院长，母亲曾被评选为"美国优秀母亲"的称号。康普顿有三兄弟，均获得博士学位，曾先后任职各学院校长。毋庸置疑，在康普顿小的时候，这颗幼小的心灵上就播种了读书、学习的种子，在这片书香浓厚的土壤上发芽、生根，在经历了无数个风风雨雨后，最终破土而出直指云天，诞生了康普顿效应，创造了物理学奇迹。

家长是孩子的镜子。家长想要孩子读书，自己应善于读书，孩子在耳濡目染的熏陶下自然喜欢读书。智慧的家长不去一味地管控孩子的行为,而是先做好自己,再传染给孩子。这是一个增强意识和潜移默化的过程。如果家长自身做不好,即便语言动听,也无法阻止孩子对家长的模仿,这是一个不可争论的事实。家长与孩子一起多读书,读好书,成为彼此最亲近的挚友、最亲密的知己,知己方能解人。

第五章 调整教育观念

随着就业难度的加大，一些重任显然都压在了孩子身上。周考、月考、期中考、期末考，一场接一场，考完就排名、张贴分数。经常排名倒数、分数低的学生，引起家长的着急和焦虑，这样的情绪变化直接影响到孩子。而孩子知道自己的成绩一时半刻无法提升，自己对学习也感到无能为力，又不忍心辜负家长的期待，造成孩子的思想受到波动，于是，萌生放弃学业的念头。面对这种状态，家长可以尝试改变教育观念，重新认识孩子的成长与考试的关系，将考试看作是学习中不可或缺的一部分。它好比是血压计，暂时地检查走向，但不能看作是唯一的、所关注的焦点。家长可能会说，分数决定未来的就业机会。而事实是焦虑、着急，非但解决不了问题，只会让事态恶化。与其这样，还不如暂时卸下肩负的担子，重新整理情绪和状态，找出解决问题的方法。退一步，是为了日后更好的出发。如果非得要以分数一概而论，这是对分数低的孩子能力的间接否定。这样做会伤害他的自尊心，让他感到自己天生就是差等生，从而瓦解了意志力。对于初高中的孩子更是不容易，他们连基本的睡眠时间都不能保证，吃饭的时间也被压缩，再加上因分数低而招致相关外围的打压，这无形加大了精神压力。这样的教育方式真的有成效吗？其实不是，学习应是自发的、积极的行为。切忌不可以采取打压的方式，很容易引发逆反心理，并牵连出一系列的负面反应。

　　道理很容易理解，好比是家里有一只小猫，饿的时候去喂它，如果抓住它的脑袋强行让它吃，小猫是坚决不吃的。如果放开它，远离它，它就会主动去吃食物。小猫都不愿意被人强迫，更何况孩子呢？这不仅让我联想到一个故事。

　　一群孩子每天放学后，都在一位老人家门前踢毽子，吵闹声让老人无法专注于自己的工作。起初老人劝说了几次，孩子们不但没有离开，吵闹声反倒更大了。有一天，老人笑着对孩子们说："孩子们，爷爷很喜欢你们在这里踢毽子。

从今天起，只要你们在这里玩儿，爷爷就奖励你们一块糖。"之后，老人给每个孩子都分了糖。一天、两天、三天……每天孩子们拿到糖都很开心。第二周，老人说："孩子们，爷爷很喜欢你们踢毽子，可是爷爷的糖没有了，不能再给你们分糖了。"从那天起，孩子们再也不来老人家门前踢毽子了。

这则故事反映了孩子的内心变化。刚开始，踢毽子是孩子们的乐趣，他们发自内心地愿意玩儿。可是老人劝说，孩子们就产生了逆反心理，你不让我玩我偏要玩儿。于是老人开始奖励糖，孩子们的动机就发生了转变，踢毽子不再是兴趣，而是源于为了拿到糖的奖励。当糖的奖励没有了，动机也随之消失。学习亦是如此，当学习是为了满足攀比心，或应对外部的压力，学习的动力会减少，甚至逆反。反之，当学习变成自己的兴趣，开始主动学习的时候，自会挖掘出无限大的潜能，并享受这一过程。

下面分享一个我的亲身感受。

我在欧洲学习教育管理学时，机缘巧合，遇见了正在那里读初中的鹏飞。当时他15岁，寄宿在一位叫Maria（玛丽）的外国人家里。大多数外国家庭的教育理念是散养式理念，在生活和学习方面，让孩子从小养成自主决定，父母不过多参与，包括穿衣、购物、校外活动、补课、参加特长班以及报考大学等。对于寄宿的孩子，早餐都是由自己热牛奶和面包，学习更是要靠自己的主动性。于是，我邀请鹏飞每天下午放学后来我家写作业,然后我再给他布置一些练习题，一直学到晚上九点半，再回到他的住处。最近鹏飞学习劲头不足，找点小事就旷课在家睡懒觉。一天早上，我突然想到10点鹏飞班级要进行英语摸底考试，我心想，"他是不是又在家睡懒觉了？"于是赶紧来到鹏飞的住处，玛丽正在吃早餐，我俩见面相互问候了之后。

我问："鹏飞今天去上学了吗？"

玛丽说："早上是由我丈夫送他去学校，我不知道他去没去，稍等，我去看一下。"

很快玛丽从楼上下来说："鹏飞在房间里，需要叫他下来吗？"

我看了一下表，9点30分，去学校还来得及。于是说："不用叫他起来，他最近身体不太舒服，（我这么说，是不想让玛丽知道鹏飞故意逃课）请你不要告诉他我今天来过这里。"

中午放学了，鹏飞和以前一样，背着书包回来了。（我心里知道,他是从住处来到我家)。

我见到鹏飞后,也和之前一样,微笑着:"回来了,今天开心吗?"

鹏飞:"嗯,挺好的。"

我:"今天考试咋样啊?"

鹏飞:"还行。"

第三天,鹏飞回来了说:"冯老师,考试成绩出来了,数学D分,商务C分。"

我:"啊,这么好啊!英语多少分?"

鹏飞:"英语没分,那天不是我没去吗?"

我:"哦,太可惜了,要是去的话,一定会考得很好!"

鹏飞沉默了一下,隐约流露出内疚的眼神。

从那以后,鹏飞学习比以前更勤奋更专心了,而且不再出现逃课的现象。

我明白,鹏飞不是不舒服,他是不想去参加考试。

我之所以没有说出曾去住处找过他,是想维护他的自尊心。摸底考试固然重要,孩子的尊严更加重要。两利相权取其重。培养其自信心和健全的人格是本,是根。随后,学习能力和其他能力自然会提高,那么就一定能培养出品学兼优的好孩子。

其实教育很简单，只需要能够将心比心，用爱心、诚心来尊重孩子的自尊心，提高他们的自信心。不要动辄拿分数低来打压孩子，有事没事把它当成短板，随意揭疤。应把分数看成是个人的隐私，把孩子的尊严放到一个高度上，这样才能对孩子的精神和心灵产生正向且深远的影响。

 **第三篇 综合篇**

他不需要家长的提醒就知道——即便失败了也不可怕,遇到再大的挫折也敢于面对,因为他有重新站起来的勇气和毅力。正因如此,人生才变得更加完美。

——作者

第一章 自主学习发展终身技能

　　学习是获取知识的唯一途径。培养孩子自主学习也是一项技能的训练。什么是自主学习？它通常与学习方法相联系，它意味着"个性化""主导权"。简言之，是学生自己做主的学习，让自己成为自己学习的主导者，不受到他人的支配、干扰。

　　俗话说：授人以鱼不如授人以渔。培养学生自主学习能力的第一步是学会自己学习，包括自我思考、自我反思、制定计划等。

　　这些能力的培养，能够调动学生的认知和元认知技能，很好地调节思维和策略，从而提高解决问题的能力。它不仅有益于当下，还能为以后的大学生活和进入社会做好准备。

尤其在科技飞速发展的今天，学生不仅在学校里习得知识，还离不开德智体美，以及独立自主等综合能力的培养，使得各项技能得到全面发展。仅以此，足以赢在了起跑线上。

自主学习不意味着得不到帮助，或不给予支持，它是鼓励教师和家长后退一步，将学习责任从教师转向学生，让学生根据自己的情况来制订学习目标、计划，自己选择学习方法和资源，最大化挖掘自己的潜能。那么，如何培养这种能力？

具体操作可以从以下几方面入手：

培养角色转变的技能

首先，让学生自己成为老师。可以从一个小的课题开始，尝试利用自己学过的知识和对问题的理解，将知识进行分类，划分步骤，进行推理以及找出解答方法。过程中，可以向老师请教解决问题的思路，或者与同学分享想法，也可以自行组织演讲活动，来开阔自我意识。

敢于失败的技能

害怕失败是成功的障碍。家长和老师要鼓励学生敢于尝试，不怕失败。当走完所有失败的路，最后剩下的就是一条成功的路。爱迪生在制造灯泡时，经历了八千多次失败，每一次失败的实验都教会他一些促成成功的东西。J·K·罗琳的《哈利·波特与魔法石》的手稿被多家出版商拒绝，最终被布鲁姆斯伯里出版社接受。古往今来，大凡成功者无一例外，都是经历了无数的失败和坎坷。失败是通往成功的必经之路。

自我管理的能力

发展自主学习能力离不开培养自我管理的能力，他能有效地控制情绪的变化，减少时间的浪费，提高学习力，以达到预期设定的目标。如今，很多教学模式发生了变化，很多课程从教室面对面授课转向线上授课。这种模式更需要学生具备自我管理的能力，以便自觉地完成学习任务。自我管理能力的训练，可以采用以下这些具体的方法：

a 创建每日时间表

孩子自主学习时，制订每日时间表作为日程安排。进行课程规划是有必要的，这个习惯在其他领域也有很大帮助，它可以更好地自我管理，有助于顺利完成任务。每日时间表是将每天需要完成的事项详细地列出来。比如：

时间	事项	内容
7:00	起床	吃早餐
8:00—10:00	写作业	做英语老师布置的作业 做数学作业
10:30—11:50	背单词 背古诗	英语书第7课所有生单词 语文书第8课的两首古诗
12:10	午餐	—
13:00—13:30	睡	—
14:00—14:30	运动	骑车
14:40—17:00	阅读，写作文	《与时间赛跑》
18:00	晚餐	—
19:00	自由活动	散步、听音乐

b 使用每周时间表

每周的时间表是记录下一周的活动，它更有统筹功能，具体包括下一周内要完成的所有事情，包括课程、运动，或娱乐活动等。可以通过表格一目了然知道已经完成什么，还有多少项目没有完成。娱乐活动可以用来平衡生活，尽量将这些活动分散到整个星期里，不是集中在某一天。

比如：

周一	周二	周三	周四	周五	周六	周日
和同学聊天	背英语	写物理练习册	看电影		写日记	
复习数学		看电影			跑步	
					看小说	

c 坚持最后期限

由于课业科目多，有时候会忘记提交作业的截止时间。同样，做一张表格将事项和完成时间填写在表格中，以便提醒自己按时完成任务。比如：

星期	时间	科目	具体详情
周一	10:00 之前	数学	练习册 24 页题发给老师检查
周二	15:00	英语作业	发给老师
周三	14:00	语文练习题	交给班主任
周四	16:00	美术作业	交给班组长
周五	10:00	打电话	给张三同学
周六	13:00	英语练习题	完成第五课练习题
周日	14:00	看电影	《阿凡达》

目标设定

发展自主学习的能力需要设定学习目标。目标的设定是可以落实的。它可以是长期的，也可以是短期的。先制定短期的目标，并把它写下来，比如"在周五之前做完数学练习题 20-35 页的练习题""在周末背会 100 个英语单词"。

目标的设定要求实事求是。比如，通常背会 100 个单词需要 4 个小时，而目标只设定 1 个小时，那么这个目标是无法实现的。目标设定应与正在学习的课程相关联。比如，两周后考试，时间紧任务重，而你非得要在本周末读完一本小说。这样的目标不切实际，还会影响考试。

此外，应将大目标或长期目标尽量分解成比较容易实现的小目标或短期目标，这样能按照设定的时间表来一步一步地完成。每完成一步，与表格中的事项进行对照，看看有没有偏离。这样的记录方式可以准确无误地实现既定目标。

改变思想

有些学生不自信，时不时地产生一些消极或破坏性的想法，比如，"我就是笨""怎么学也学不会"等。

这些负面想法会阻碍学习的动力。一旦这种消极想法在脑海里冒头，应马上告诉自己"最近我的成绩很好，继续保持！""这次考试我有信心"。引用正面的想法，帮助转移注意力。

专注于努力

学生应专注于在学习过程中付出的辛苦努力，不要执着于结果，因为判断是否努力比看到结果容易。如果意识到因不努力而导致落后，接下来会更加付出努力。相反，如果自认为努力了也学不会，那么遇到问题就容易放弃，由此产生无助感。

自我评估

一方面，学生自我评估可以帮助发展特定学习技能，培养元认知能力。这个过程有助于了解自己的学习程度，提高自我意识，独立管理自己的学习和发展。另一方面，学生之间相互评估，在彼此反馈的同时有助于发现错误。

自我评估时，可以问自己："我回答时用了完整的句子吗？我的意思表达得清楚吗？"对写作问题的评估，比如，我的写作内容与主题相符合吗？我的观点有多好？对其他课程的评估，比如，数学练习题我是真的掌握了吗？我对哪个问题不自信？我用什么方法检查了结果？

从理论上讲，强化自主学习的能力和学术成就之间存在着正向的密切联系。这种能力的具备不是在一朝一夕，它是一个日积月累的过程。他不仅有效地为终身学习做好准备，还能在日益全球化的教育市场中发挥竞争力。

第二章 有效控制焦虑

周考、月考、排名,这类词语一直在学生的耳边环绕,加剧了他们在考试前的紧张感。虽说紧张是人正常的反应,可是有的学生一想到马上考试,心理就出现极度地担心、忧虑,以致苦恼不堪。有的学生害怕考不到重点中学,担心成绩排名落后。当衍生出这种过度焦虑的心理状态时,则会阻碍学习能力,干扰考试时正常发挥,还可能导致记忆混乱和一系列的身体变化反应,比如,没有安全感、身心疲惫、内心痛苦、学习成绩下降,还可能因此退学。

我曾做过调查,结果显示,一、二年级的学生患有焦虑的比例明显低于五六年级的学生。因为低年级学生通常自己没有明确的学习目标,学习时会掺杂一些盲目性,或是被动接受来自外界的灌输，自然对学习没有太多的感觉。

通过以下表现可以评估学生是否患有考试焦虑症状，以便针对性采取有效的对抗焦虑措施。

①认知迹象：

考试时大脑空白，考试结束后记不住自己的答案。

狂想。

注意力不集中。

消极的想法。

难以组织、整合或表达想法。

②身体迹象：

恶心。

抽筋。

昏厥。

出汗。

头痛。

口干。

呼吸频率增加。

心跳加快。

肌肉紧绷。

感觉太冷或太热。

③情绪迹象：

　　内疚。

　　愤怒。

　　抑郁。

④行为迹象：

　　拖延或逃避。

　　过度研究。

　　饮食不足。

　　营养不良。

　　睡眠过多或太少。

　　疲劳或无法放松。

　　酒精或药物滥用。

学生可以通过以上迹象来评估自己是否焦虑，找出控制好焦虑的办法和适合的学习方法。那么，考试焦虑是怎么引起的呢？原因有以下几方面。

1. 考试准备不足。由于过去考试成绩一直不佳，没有好的学习习惯，或适合的学习方法，在考试之前因没有充足的复习而引起担心。

2. 误解考试意义。考试焦虑的学生认为考试必须获得高分。当他们意识到自己无能为力时，便会感到沮丧、泄气。

3. 习惯和其他同学比较。总是认为其他同学的考试成绩高于自己，比如，"张三同学比我聪明""李四同学比我分数高"。

4. 消极的想法。他们过低评估自己，自认学习能力较低，经常患有消极的想法，比如，"我知道自己成绩差""我就是笨，学不会""咋学，我也考不了好成绩"。

焦虑很容易影响自身能力的发挥。严重者，则出现逃学、暴躁、自卑等反应。这样的焦虑是不正常的，要咨询心理学专家，给予及时的治疗措施，避免病症蔓延。如果刚刚产生轻微的表现，可以尝试以下辅助缓解方法：

创建一个平衡时间表

创建可实现的目标时间表，涉及的领域要尽量全面，包括学习、休息、锻炼和社会活动等，并保证充足的睡眠时间。当完成了某一项任务时，会提高自信心，有助于减少焦虑。

模拟考试

模拟考试是锻炼把控好时间的能力，慢慢适应考试氛围，让精神处于放松状态。反复练习，会习惯这种考试节奏，在实际考试时也能发挥自如。模拟时做不同类型的试卷、练习题，把所有练习都按照正规考试的要求标准去完成。在正式考试前几天，留出充足的休息时间，适度参加不会增加焦虑的活动，像是散步就是比较好的活动，或听音乐来缓解紧张情绪。避免在最后一天做更多的学习，这会加重焦虑情绪，产生精神紧张而影响第二天考试的状态。

写出焦虑的原因

在感到焦虑的时候，拿出一张纸，将原因写在表格里，然后在下一栏写上与之相反的积极的回答。写出焦虑的原因，可以减少考试时的焦虑反应。

比如下表：

消极的想法	积极的想法
我的考试成绩一直很差	这次我已经按照学习计划完成了所有内容的学习和复习
如果我考试成绩不好，就是一个失败者	我一定能考好，如果考不好，我一定会继续努力
考试会出现一些有陷阱的问题	考试会让我学习解答不同的题型，展示我学过的知识内容
学过的内容我不能很好地掌握	不是所有学过的内容都得掌握，只要努力过就好

调整呼吸

焦虑会引起呼吸不规律，当呼吸异常时会直接反应到身体上，使大脑中氧气和二氧化碳失衡，加重与焦虑相关的身体指标。调整呼吸可以推进身体放松，然后带动精神上的放松。

同样,精神上的放松又可以带动身体上的放松,两者互相作用,以达到情绪平稳。练习至少 4 分钟呼气和吸气。具体做法是:用嘴或鼻子慢慢地深吸气,缓慢地,边吸气边在心里数 4 个数,屏住呼吸默数 2 个数,呼出气默数 8 个数。这种呼吸练习每天坚持练几次,有助于身体恢复到最佳放松状态。

肌肉放松

肌肉不同部位的紧张也是造成焦虑的原因之一。学生尝试采用肌肉先收紧再放松的方法,帮助降低焦虑。具体做法是,先收紧包括肩膀、上背部、手、前臂、腹、臀部、大腿、小腿和脚的肌肉,将以上部位分组,再根据不同组进行分次练习。比如,先收紧第一组肌肉 5 秒,然后放松 10-15 秒;再收紧,放松。同样动作重复做几次后,再进行下一组部位的练习。直到所有部位的肌肉都得到放松,身体紧张和焦虑水平会降低。

重复

一句话反复重复,比如"保持冷静""我不紧张",它会帮助改变潜意识，消除紧张焦虑的情绪。科学家研究发现，人们的潜意识只能在同一时间内主导一种感觉，反复地灌输一个积极正面的新思想，原来的思想就会慢慢地衰弱、萎缩，新的思想就会占上风。如果不间断地自我暗示，反复地说"我是最棒的""我是聪明的"，就能抵消负面的思想，让身体里的紧张感得到释放，从而破坏焦虑的循环。

考试期间

考试前几分钟尽量不要与其他人聊天，特别是对考试本身持消极态度的人，他们的情绪具有传染性。要和积极的人在一起，他们阳光、豁达，积极向上的正能量会相互传递，增加彼此的信心。考试时先浏览整个试卷，知道题型的大概样子。先回答简单的，然后再回答困难的，将不确定的问题留到后面，不要一直纠结一道题，影响到情绪。

学生焦虑对自己和家长来说是一项挑战。挑战不可怕，只要不逃避，不放弃。家长与孩子共同携手，相互配合，只要用心、耐心，一切问题都可迎刃而解，明天日月生辉一派光明。家长的焦虑不要挂着脸上，为孩子提供健康的饮食，保障充足的睡眠时间,营造一个安静、和谐、温暖的家庭环境。

第三章 影响学习态度的多种因素

有人说,态度决定了一个人的高度。这句话同样适用于教育。如果一个人相信学习的重要性,他会以积极的态度采取行动,将自己的智慧发挥到极致。如果他带有消极的态度,这种态度就像一堵墙,把他封闭起来,削弱他的动力,阻止创造力。可以说,态度决定学习成果。

学习态度是学生对学习做出的反应,是对学习的认知和信念的总和。学习态度通常表现为:他喜欢学习或不喜欢学习,学习吸引他或他排斥学习,他对学习感兴趣或漠不关心,他愿意学习或拒绝学习。

当学生发出"我做不到""我不学"的声音时,家长要及早地进行干预,弄明白孩子为什么做不到,是什么阻碍了他，他需要怎样的动机才能除掉这种想法。将"我做不到"变成"我可以"。提高学习态度，增强学习动力，通常要从以下几个方面着手：

制定实际的目标

学习需要找到一个目标。先制订一个分数目标。比如，考试60分及格，平日里的成绩是50分，目标分数可以制定在65-70分之间。这个目标分数不是固定的，它是随着考试的次数逐步提高的。当成绩达到65-70的时候，会增加成就感，下次考试目标分数就可以制定在75分左右。按照这个规律小步向前迈进，每次分数提高一点点，就往前迈进了一小步，这样有利于提高自信心。切记不可盲目，明明平时考试50分，一下子就定到了90分，这样"拔苗助长"式的目标制定很容易让自己因达不到目标而产生挫败感。

增强动机

态度和动机之间密切相关。正向的动机形成正向的态度。动机是指个人追求某种目标的主观愿望或意向，是为追求某种预期、目的的自觉意识。动机是由需求产生的，当需要达到一定的程度，它才能够转化为动机。动机分为内在动机和外在动机两种。内在动机是来自自身的驱动力。我们自己常有体会，当你对打羽毛球产生好奇心，于是就会发自内心地去学习打球的技巧。当他想成为班级里的第一名，这种愿望就会产生一股强烈的动机，推动他不断地采取行动。

还有一种情况是来自于外部刺激的动机，就是学习的目的是获得相应的奖励。比如，学生考出好的成绩，家长会奖励一部手机；考到年组前十，奖励一台电脑等。这种动机在短期内同样会唤醒学生的积极状态。但是往往这样的学习不会持续到长久的状态，更有可能成为短暂的机械学习。就好比是机器离开了维修工、缺少了润滑油，随时会停止运转。所以，将外在刺激的动机"内化"，态度会随之改变，保证长久的运行。

激发学习兴趣

符合自己兴趣的学习能激发孩子学习的主动性。无论在哪方面，只有产生了兴趣，才能激发潜能，释放灵感，主动地将学习变成一种快乐的活动，由"要我学习"变成"我要学习"。否则，他只是浮于表面地，或只为了完成任务去学习课本知识。"强扭的瓜不甜"，成功的教育不是强制，不是灌输，它是激发兴趣，兴趣是形成自主力的归因。没有兴趣的学习实属空谈。态度不端正，成功无从谈起。

之前我教小孩子说中文时，会选择灵活的、适合的教学方法，让学生产生学习兴趣，尽量用通俗易懂的语言，再加上一些图片或者示例，去吸引学生的视觉，使得学生的大脑细胞处于兴奋状态来调动学习热情，增加学习动力。后来孩子们都收到很好的效果。

态度是后天习得的，它是随着环境而发生变化的，而环境的创造者是家长。细化说，家长希望孩子成为一个怎样的人，它所投射出来的就是怎样的态度。如果家长认为孩子是优秀的，看到的则是孩子的优秀面、闪光面，所传递的自然是赞赏的眼神和强烈的信心。它像一柄魔杖，增强孩子的自信心，为成功助力、加持；它又像一盏明灯，照亮了诗般的远方。反之，如果专挑孩子的不是，念叨一百个不好，孩子毛病多，也可以说是家长的偏见、消极状态所导致的。总是固执地把孩子归纳到不好的一类，也不去欣赏好的方面，总是负面地过于担心，给予暗示。根据刻板效应理论，这件事变坏的几率极大提高，那么，这个孩子大概率会变成家长所说的样子。

第四章 摒弃拖延从即刻开始

  拖延是儿童和青少年普遍存在的现象。他们往往在有时间和精力的情况下，把学习往后延迟，总是要等到最后一分钟才去交作业，等到考试的前一天才着手复习，这种行为造成不能在规定的时间内完成任务。事实上爱拖延的学生，他知道自己该做什么，怎么去做，可是也仅限于想想，还是不愿意及时地采取行动，甚至找出种种借口故意拖延，从而引起家长与孩子之间产生不愉快。习惯拖延的学生虽然能通过考试，但是真正能够掌握的知识很少，平时成绩也不会高。
  当把学习任务拖延到最后一分钟的时候，难免会出现一些弊端，要么敷衍了事，要么遗漏掉一些重要的知识点。尤其在有些大学院校，或者读研时，对于学生的出勤率老师视若无睹，也不监督课后是否学习，只要按时上交作业，通过期中、期末考试，结课论文合格，就能顺利毕业。听起来简单，如果每天不能进行大量的学习，根本不可能毕业。相比之，绝大多数大学院校课业任务量非常大，考试一场接一场，论文一篇接一篇，毕业论文更是加大难度。因此，孩子从中小学阶段就着手培养较强的学习能力，说起来这不是件容易的事情。这不仅是专攻一门课程，也是培养在课程之外的一项本领。

拖延的负面影响

拖延的学生习惯拖延该做的事情，殊不知，最后的拖延是有代价的。拖延不仅降低学习动力，还养成了生活上磨磨蹭蹭的坏习惯，更糟糕的是繁衍出其他的负面影响。

一方面，经常拖延的学生会产生一种心理落差，他觉得自己能力不如别人，很难对事情提起兴趣。另一方面，拖延会造成人精神上的消极和懈怠，出现嫉妒他人等不良心理，让自己逐渐变得不自信。长期处于消极的状态，会造成记忆力下降、情绪失控，严重者患上抑郁症等心理疾病。

产生的原因

　　学生拖延通常围绕几种特定的情况产生。1. 有些学生拖延是因为懒惰，他被懒惰心理所控制。不学习时精神抖擞，学习时昏昏欲睡，拖着脚步慢慢走向书桌。打开书本，做好了一切准备后，不知什么原因，又开始做起了与学习无关的其他事情。2. 当小测验、正式考试即将到来，或即将上交自己不擅长学科的作业时，设法找出各种理由摆脱学习。3. 有的学生在面临较难的课业时，故意选择逃避。嘴上不说，内心是害怕考试失败，害怕被别人说自己学习能力低，害怕遭到轻视，所以，故意磨磨蹭蹭不去学习，将其失败归咎于时间匆忙，而不是归因于自己的能力问题，以此来推脱责任，维护自尊和自我保护。4. 他拖延到最后时刻，是因为他喜欢在截止日期前匆忙地学习。他认为只有在压力下才会有灵感，在时间紧的情况下才激发创造力。实际上，这只不过是一种自我催眠而已。5. 不乏还存在一种现象，家长平日习惯是先玩手机再去洗碗，这些行为被孩子看在眼里记在心里，也照搬照抄。

　　习惯拖延的学生，他的成绩可想而知。如果将成绩不好的原因归结于个人学习能力差，或贪玩儿等原因，这只是表层现象而已。其中不乏家长的教育方式出现了误差。可以说，不恰当的家庭教育给孩子留下一定的痕迹。现列举其中最密切的两个因素。

家长的专横严厉

个别家长性子急，脾气大，他不顾及孩子的自尊心，对孩子出现的错误不分场合批评，或者否认、驳斥孩子的观点，让孩子有想法也不敢表达。家长总是按照自己认定的方式来要求孩子的行为，甚至包办所有事情，这种方式即损伤到了孩子的自尊心，还从家长那里习得独断专行的做事风格。家长的专制，虽然在短时间内能够规范好孩子的行为，但问题家庭出问题孩子，采用这种外部的控制手段反而适得其反，造成孩子的逆反心理，并将这种反抗转嫁到反感学习，或学习拖延。

笔者认为，家长专制的根源是不相信孩子的能力和意志力，也不愿意去承认自己存在教育上的不足，宁愿相信孩子是个落后者，也不愿意相信孩子是个潜力无限的成功者。而事实上，天下没有能力差，也没有无可救药的孩子，有的是不正确的教育方式。信任是成功教育的原动力。相信孩子，相信每一颗种子都有自己的花期，只是花期不同而已。去精心地呵护，这颗种子终将会破土而出，绽放出美丽的花朵。

家长的放任

有的家长一味地迁就孩子的所作所为，任凭其自由发展，这让缺乏自律性的孩子不能自觉地、及时地完成该做的事。再加上，遇到自己不擅长的领域，在束手无策的情况下，只能一拖再拖。

笔者认为，养不教，父之过，只养不教是失职。培养孩子是称职的父母，培养好孩子是成功的父母。在与孩子同行的这段短暂、幸福的旅程中，既不能让孩子感到爱的缺失，又不能爱得过度，以致压抑得无法呼吸；既不能无限地放任，又不能过度地支配和占有，过犹不及，必将失去。

除了外部因素以外，还需要孩子自己做出努力。可以尝试一些方法。首先，试着写出可能会引发拖延的原因并回答，帮助自己更好地采取矫正措施。

问题	回答
我学习有困难吗？	
我需要帮助吗？如果是，在哪里可以获得帮助？	
还有其他人或其他事情影响了我的拖延行为吗？	
我害怕失败吗？	
对于我喜欢的事情，也会故意去采用拖延行为吗？	

列出清单后，逐条思考，搞清楚拖延的利与弊，再写出回答。

问题	回答
当我拖延时，会得到什么回报？	
我会把拖延当作一种回避手段吗？	
拖延是我故意用来阻止学习的吗？	
我是不想得到老师或家长给的反馈意见吗？	
当我不拖延时，有什么回报？	
拖延会影响我能力的展示吗？	

每个学生是独一无二的，虽然没有适用于每个学生的全面解决方案，但是，积极寻求解决办法是非常必要和迫切的。除此清单之外，可以尝试采取以下措施来对抗拖延：

设定期限

如果任务量大或复杂,感到不知从何处下手,引起迟迟不愿意开始行动。这种情况下,需要采用化整为零的方法。可以制订 20 分钟计划,先坐下来学习 20 分钟,休息 10 分钟,接下来再学习 20 分钟。或者制定好学习量。在第一次休息前完成练习题 15 页,接下来学习第二章,休息,再完成第三章。以此类推,体验到完成每一小段任务的成就感。

创建专属空间

如果没有合适的学习空间,会因为学习分心而造成拖延。学习分心有不同的情况。手机,或家庭成员大声说话的干扰。家长不要在孩子面前走来晃去的,不停地唠叨,应为孩子创建一个专属于学习的空间,哪怕房间很小也要安静。远离最有可能分散注意力的事情,有益于专注学习。

以上涉及的种种因素,无论是哪种原因导致的拖延,都不是好的行为习惯。拖延会带来短暂的愉悦,不拖延会带来一生的益处。学生要了解自己,对号入座,找到适合的应对方案,减少和控制拖延行为,对未来的发展起着促进的作用。拖延是时间的剽窃者,是机会的拦路虎,是成功的大敌。打破一个坏习惯不是在朝夕之间,它需要时间和坚持不懈的努力。从现在开始马上行动,尝试以上方法,可以告别拖延,去享受学习的乐趣,成为一名成功的学习者。

第五章 孩子成长离不开道德教育

中国是一个礼仪之邦，几千年传统文化博大精深。道德是社会一种意识形态，它不是要求人们按照某一制度、某一法律去执行，它强调的是思想上的领悟、意识的觉悟。它是修养与修身的合一，是内在与外在的合一，从而产生合乎道德规范的行为。有的家庭则认为，孩子有好的成绩才是唯一的出路，却不曾认识到拥有良好的道德品质，能够辨别是非对错，修身立德。良好的道德品质使孩子与人之间、与家庭之间、与社会之间会更加和谐，始终沿着正向的人生轨迹前行。反之，忽略了对道德品质的教育，导致孩子没有形成正确的道德观念和人生观，缺乏对外界事物的辨别能力，以至于根本不知德为何物，从而在是非、诱惑面前做出错误的选择。

应及早培养孩子形成良好的道德品质，吸取道德文化之精华，是他成长的根基。道德品质的重要好比是一个大厦的地基，地基扎实了，大厦才能盖得更高；地基稳固了，楼层才能自由发挥，变化出多姿多彩的造型。如果地基不稳，大厦随时面临倒塌。而为孩子建造地基的人恰恰是家长。

家长是孩子的第一任老师。家长的品行在第一时间传染给孩子，这些品行会跟随他一辈子。所以，家长是否具备好的德行，它与自身文化水平的高低没有关系。我们老一辈的家长，他们没有太高的文化水平，大多数人也没念过书。但是他们心存感恩之心，孩子也懂得知恩图报。家长心地善良、忠厚坦诚，他们固然会培养出具有同样品德的好孩子。所以，家长是孩子的镜子，孩子是家长的影子。

有网友爆料，一妈妈带着六七岁的女儿逛商场，发现地上有一钱包，妈妈捡了起来并放在自己随身背着的包里。孩子说："妈妈，老师说捡到东西后要还给人家。"这个妈妈将女儿扯到一边，小声说："钱包是咱们捡的，又不是偷的，活该他倒霉。"说完，拉着孩子走出了商场。

年幼的孩子，她的心理正如一张白纸。若妈妈给孩子种上无私奉献的种子,生根发芽,孩子长大后自然会乐善好施。而这位妈妈只教会孩子如何索取,长大后自然会时刻想着自己的利益。当利益受到损害时,会不顾一切想方设法去做损人不利己的事情。就像南京高三李某那样,他因经常遭到妈妈的辱骂,愤怒之下,拿起菜刀将妈妈砍死。青岛市 17 岁孩子因长期遭受父母控制,母亲对其管教严厉,还经常偷偷地跟踪孩子,他对父亲印象最深刻的就是手里的皮鞭,最终孩子拿起斧子砍死母亲。还有的孩子,他们在学校欺凌弱小。2015 年上半年被媒体曝光的 40 多起欺凌事件中,初中生占 42.5%,高中生占 32.5%,大学生占 15%,职高生占 7.5%,小学生占 2.5%。2016 年青海省 15 岁男孩因为受不了学生的欺凌,喝下一瓶剧毒农药结束了生命。江西 15 岁学生因长期遭受同学欺凌,吞食铁定自杀。如此痛心的事件中,无论是受害者还是施暴者,最终结局都是付出了血的代价。事情的起因该从何说起呢?笔者认为有两方面。一方面是孩子缺乏道德认知。另一方面,家长缺乏道德意识。他们过于蛮横、专制,就连起码的尊重、人性都不懂,还常常以"都是为了你好"为名,对孩子过于控制,长此以往,导致孩子的心理扭曲,再加之长期愤怒情绪压抑,在忍无可忍的情况下,以暴力反击。从教育角度分析，这是家庭教育的败笔。从经济角度分析，即便这个家庭有金山银山，最终也失去了拥有的价值。就像个别忙于事业的父母，不顾及对孩子道德的教育，结果孩子染上了打架斗殴，甚者吸大麻，最终父母辛苦一辈子赚来的钱，被孩子全部败光。重者，孩子在青春年少时期就被送进管教所。俗话说，子孙若如我，要钱有何用？子孙不如我，要钱做什么？不管从哪个角度分析，教育——它关系到父母为孩子奠定了一个怎样的人生，为社会培养了一个怎样的公民，为国家塑造了一个怎样的人才。更准确地说，它关系到一个家庭的发展，社会的稳定，国家的兴旺、强大。

做一个有智慧的家长，遵循儒家文化和道德思想，对孩子正向地言传身教，让孩子懂得仁义礼智信之理，懂得温良恭俭让、忠孝廉耻勇，心存爱人之心、包容之心、感恩之心。让这些思想反映在一举一动、一言一行中，并逐渐养成良好习惯。习惯与他人友好相处，与家庭和谐共处。这样一来，孩子既懂得了合乎道德行为的准则，又在一个知而行，行而知，亦知亦行，知行合一的过程中形成了良好的习惯和品格。什么是教育？简单说，这就是最好、最成功的教育。

是的，孩子成绩好会有更多选择，有机会在某个领域习得独一无二的技能，容易让事业走得顺利。同样，如果成绩高没有道德，再多的荣耀也无法掩盖道德的缺陷。那么成功也是暂时的。德不配位之人，不会走得长久，更不会登上金字塔的最高峰。所以，具备良好的道德和孩子的成绩同样重要，两者如同鱼和水的关系，彼此成就，缺一不可。

第六章 加强体育活动赢在起跑线上

目前,儿童和青少年超重或肥胖的比率呈上升发展趋势。有的人认为进行体育锻炼累得汗流不止,上气不接下气,即消耗时间又干扰到学习,致使学生多数时间都被安排在教室里,或学习桌前,引起各种健康指标持续下降,为成长带来很多负面影响。再加之课业带来的压力,他们又找不到排解压力的出口,由此降低了幸福、快乐指数。面对这样的事态,这些问题值得家长思考。在约翰·瑞迪(Johe Ratey)的著作《运动改造大脑》一书中,详细阐述了体育运动有助于减肥,以及对身体健康有很多好处。除此之外,运动能改善和强健大脑,能够对学习产生积极的效应——提高学习成效。

基于此,希望家长和孩子共同参与到体育活动中。在忙于学习的同时，尽量满足每天至少 60 分钟的活动时间，如跑步、踢球、做体操等诸多活动，既有助于提高学习效率，还能增进健康和快乐。运动所带来的好处有以下几方面：

● 身心健康发展

进行体育活动时，能够增加大脑血液的流动，促进大脑功能的整合，有益于心理和情感发展，体育活动被称为身心健康发展的有力工具。这是因为在进行体育活动时大脑会分泌更多的三种神经递质，分别是血清素、多巴胺、去甲肾上腺素，随着运动量加大，它们的数量会随之上升。它们有各自的功能。运动量越大，血清素会越高，它能有效提高、增强记忆力。多巴胺帮助提高集中注意力。去甲肾上腺素有助于巩固记忆力。不妨尝试一下，让孩子们共同参加不同强度的骑车、跑步、跳舞等体育活动，与坐着相同时间的孩子进行比较，参加体育活动的孩子会有更好的学习成绩。再比如，让孩子们每天参加 60 分钟的中等强度活动，持续 9 个月，他们既增强了记忆，体重也大幅度地下降。不仅如此，运动能够增加脑源性神经营养因子（BDNF）。脑源性神经营养因子可以帮助大脑快速生长，以及诱发神经新生。BDNF 分布最多的区域在负责记忆的海马区，随着 BDNF 的增多，会推进记忆力更稳固、长久。这一理论来自哥伦比亚大学帕特森（Patterson）曾对老鼠跑转轮进行的一项实验。一组老鼠连续跑 2 个晚上，另一组跑 4 个晚上，最后一组跑 6 个晚上，还有一组是不参加跑转轮的老鼠。实验中，研究人员给老鼠大脑内注入一种能与 BDNF 相结合的分子，再对它们进行扫描，发现运动组老鼠大脑内的 BDNF 超过了不运动的老鼠，而且老鼠跑得越久，BDNF 分泌得就越多。而那些脑内缺乏 BDNF 的老鼠，竟然连暗藏在水池中的出口都找不到。基于此项理论，在 2007 年，德国研究人员曾做过实验，结果证实了学生在运动后学习单词的速度比运动前提高了 20%。

- **提升自信心**

孩子们在一起运动时，彼此鼓励、协作，展示自我。打球时，当球员为球队打进制胜的一球时，它所带来的成就感增强了孩子的自信心，而这强烈的自信心恰恰是孩子成长的所需的重要特质。

● **磨炼坚强的毅力**

在众多的比赛中，取得胜利离不开坚强的毅力和不懈的努力。在这一过程中，能够培养孩子的抗压能力和克服障碍的毅力。孩子们在一起不仅享受运动带来的快乐，还能练就一项技能。

● **降低压力**

当一定强度的运动达到30分钟以上时，体内会加速并持续分泌出内啡肽。内啡肽是一种使人兴奋的物质，被称为"快乐激素"。这种"快乐激素"能够排解人们的压力和坏情绪，使人变得愉悦和满足。

● **改善抑郁**

长期坚持运动能有效控制抑郁症，它的效果比药物还要好。约翰·瑞迪曾指出，长跑1600米就能和服用抑郁症药物产生一样的效果。这是因为在运动时，能够增加脑血流量、内啡肽，以及大脑的营养肥料——脑源性神经因子、血清素、多巴胺、去甲肾上腺素等多种化学物质，让人感受到幸福、愉悦和满足感。杜克大学医学院曾对156名严重抑郁患者测试发现，长期做运动不吃药的效果最好，再发率也是最低的，只有8%。吃药不做运动的再发率是38%。美国威斯康星大学的精神病学家对28名中度抑郁患者进行慢跑锻炼，三周后所有患者痊愈，三年后仍然没有复发者。美国一项报告表明，每周运动1小时可使抑郁症发病率减少4%。

如今人们已经意识到体育活动带来无限多的好处，特别是在其他一些国家已经制定或完善与体育相关的政策、法规，他们已经将体育活动纳入教学日程，是学习课程科目中的一项。它规定积极开展学生的体能培训，在课前、课间、课后创建多种活动，并制定执行计划。芬兰有一所学校，体育馆内设有攀岩墙。攀爬者被蒙住双眼，每前进一步都需要听从同伴的指令后，再向上攀爬。这一过程中，学生们相互合作，极大地提升了合作意识和团队协作的能力。芬兰的家长将孩子综合能力的培养放在首位，并保障孩子每天至少一小时的室外活动，经常与孩子一起参加各项体育锻炼。芬兰的学生在PISA（国际学生测评）中获得显著成绩。而且芬兰学生的学习满意度和幸福指数在79个国家中占比最高。

美国内伯维尔的"零点体育课"也享有盛名。它是在早上7点10分让每个学生带着心率检测仪，开始跑步，以及做各种有氧运动。当心率达到最高点时,停下来再去教室上课。内伯维尔成为全美国学生体能最好、健康水平最高的学校。在全美国30%的超重或肥胖的学生中,内伯维尔只占3%。每半学期,"零点体育课"学生的阅读和理解能力比其他不运动学校的学生提高10.7%。

诚然,确保孩子身心健康是世界的声音,是家长们共同心愿。应尽量保证孩子的运动时间,尽可能不要把全部时间都留给了学习文化课程。如果让孩子们久坐在课桌前,并期待着用更多的时间,来换取更可观的成绩,其实,这种想法未必是绝对的,可能会阻碍了其他方面的发展。特别是对于那些最需要体育活动的肥胖者、超重者,以及活动受限的学生,极大地降低了健康水平,也牵连了学习的状态和学业水平。或许家长无法改善家庭的经济状况,但是,可以帮助孩子改善身体健康水平,让孩子生活在健康和快乐的状态下。那么,从此刻开始,将孩子的体育锻炼纳入日常行程中,鼓励孩子展示自己的特长,尝试不同的体育项目,养成终身锻炼的习惯。同时,也是提高生活质量的一种生活方式。

第七章 提高抗挫折力是孩子必备技能

生活中难免会遇到一些突变,同样的事情发生在不同的孩子身上,会有着不同的反应。有的孩子会勇敢地面对,有的则反映出悲观的状态。为什么会存在这样的差别呢?一方面是个人的心态不同。另一方面,它取决于孩子心理承受挫折的能力。

抗挫折力较弱的原因

抗挫折能力弱的人,遇到难题就慌乱手脚,悲观厌世。这种状况是如何引起的呢?主要还是从以下两个方面思考。

1. 如今孩子处在家长的庇护下,生活在人为创造的舒适、安逸环境中,孩子没有机会经历困难。所有需要做的事情几乎都由家长包办，书包衣服准备好，袜子鞋子摆放好，摔倒了扶起来。长此以往，孩子形成了生活自理能力差、缺乏独立思想、依赖性强的品性。当孩子一旦离开了"拐杖"，却不知该怎么行走，极易产生挫败感。

2. 独生子女是全家人的宠儿，再加之自身的优越感，形成了事事以自我为中心的个性，在学校听到一句同学的责怪，或老师的批评，就会产生大的思想波动。轻者感到愤怒，重者出手攻击，甚至做出离家出走的极端行为。

提高抗挫折力的重要性

俗话说，弱者将挫折当成绊脚石，强者将挫折看成一块垫脚石。强者心态是心智成熟的标志，也是具备的一项生存能力。及早加强对孩子抗挫折能力的训练，避免其在困难面前不知所措，将自己摔得遍体鳞伤。

提高抗挫折力的方法

所谓方法不一定是灵丹妙药，不一定做到药到病除。恰当的方法如同一把保护伞，挡走忧愁、风雨。

1. 讲榜样的故事

提高抗挫折能力方法很多，前提是家长给孩子树立坚强的榜样，孩子也学会了坚强。切记不可患得患失，那样很可能培养出萎靡不振的孩子。此外，家长在平日里多给孩子讲述励志故事，让孩子了解那些遭遇过人生磨难的成功者，他们在成功之前经历了怎样的坎坷，又是怎样创造出辉煌事迹，以此拓宽孩子的认知和视野。

迈克尔·乔丹小的时候喜欢打篮球，以此为职业是他的梦想。他报名参加球队，结果落选。教练说他个子矮小，反应不快，打篮球没有前途。回到家后乔丹大哭一场，一整天没说一句话。后来，在乔丹苦苦的哀求下，教练勉强允许他进入球队看球，为球员看管衣服。乔丹振作精神，每日坚持苦练，最终成为 NBA 的职业球员。

法国科幻小说作家儒勒·凡尔纳（Jules Verne），他的第一部科幻小说《乘气球五周记》出版前曾 15 次被出版社退回，并告知此稿不拟刊用。屡屡受挫，此刻的凡尔纳没有气馁，最终他还是抱着手稿到了一家出版社，这家出版社决定出版此书，并与凡尔纳签订了二十年的出书合同。如果凡尔纳没有"再努力试一次"的勇气，就没有机会成为世界闻名的科幻小说家。

物理学家霍金，有人称他是"坐着轮椅挑战的勇士"。

曾有一记者问道:"病魔已将您永远固定在轮椅上,你不认为命运让你失去太多了吗?"霍金的脸色带着笑意,他在键盘上敲出:"我的手指还能活动,我的大脑还能思维,我有终生追求的理想,我有爱我和我爱的亲人和朋友。"是的,只要有大脑、有思维,不怕吃苦、肯努力就一定创造出生命的奇迹。

2. 培养乐观开朗的性格

通常性格乐观开朗的孩子比性格内向的孩子抗压能力强。培养孩子乐观开朗的性格离不开家长的认可和赞扬。赞扬会心生喜悦,增强自信心。

曾有这样一项实验。心理学家罗伯特·罗森塔尔(Robert Rosenthal)和助手们来到一所小学,从一至六年级选了18个班,对学生进行"未来发展趋势测验"。测试结束后,罗森塔尔将一份"最有发展前途者"的名单交给了校长和相关老师,并叮嘱他们不能泄露名单。

其实,名单上的学生是他随便挑选出来的,他编造了一个"权威性谎言"。8个月后,罗森塔尔和助手们对这18个班级的学生进行了复试,他们发现名单上的学生都有很强的自信心,性格开朗乐观,成绩有很大的提升。再后来,这些学生在各自的工作岗位上都取得了成就。

被认可和赞扬是每个人内心深处的渴望和需求。家长不要吝啬夸赞。适当地夸赞孩子，千万不可一味地夸大其词。孩子能独立完成学习任务，你夸赞他，如果连作业都不写，你还夸赞他，这样做一方面伤害他的自尊心，另一方面，当有一天你停止了夸赞，与原来出现了反差，孩子会因此产生心理落差，产生自暴自弃。反过来，家长不要容不下孩子犯一点点错误，于是乎打着各自旗号，"我是你妈／我是你爸，你应该听我的""我都是为了你"，来对孩子严厉说教。久而久之，孩子的幼小心灵就像被针戳了一样，满是伤疤，不堪一击。

3. 创建挫折情景

那些抗压能力强的人，有些是从小就接受了抗压训练，有些是经历了生活反复的磨练，形成耐力品质。绝大多数的孩子生活在温室里，如同被精心呵护的花朵，长期形成脆弱的性格。这是人性正常的心理变化，就连那些有生灵的动物也存在同样的心理反应。曾有动物学家们在非洲大草原的奥兰治河两岸各捕捉了10只羚羊放到对岸。一年后，由东岸送到西岸的羚羊繁殖了14只，由西岸送到东岸的羚羊只剩下了3只。东岸不仅生活着羚羊,其附近还有一群狼。为了不被狼吃掉,东岸的羚羊不得不每天练习奔跑,让自己强健起来。而西岸没有狼,羚羊没有受到狼的威胁,每天过着安逸的生活,结果不仅体质下降了,奔跑的能力也逐渐下降了,到了东岸便很难生存下来。

因此,提高抗挫折力是世间生灵具备的一种生存本领,这种本领可以通过强化训练来获得。道理显而易见,好比是天天练习朗读英语,读得越多,越能找到语感,朗读得就越流利。天天练习绘画,画的画就会灵性十足。同样如此,增强抗挫折能力,需要不间断地练习,练习的时间越久,抗压力越强。比如,开始练习跑步,可以先从100米开始,之后到200米,再到300米、400……难度一点点加大,慢慢适应它的强度,终将磨练成兵来将挡、水来土掩的强者心态。

宝剑锋从磨砺出,梅花香自苦寒来。无数的励志故事如同一鼎晨起的钟,唤醒了孩子的心灵,催促着羽翼未丰的孩子们畅享于广阔的天空下,领略人生百态,并找到各自的目标,预备着全力冲刺。他们不怕失败,敢于经历挫折。他们知道,如果连失败都害怕,人生还能做什么呢?再大的挫折也不怕,他们有着重新站起来的勇气和毅力。孩子的成长不可能被代替,他们该做的事也不应被代替。将自主权归还给他们,支持他们收拾房间,自己安排换衣、洗衣,自己做饭、上下学。做错了不退缩,不放弃,跌倒了,爬起来,一边总结经验,一边享受这一美妙的过程。正因如此,人生才变得更加完美。

2021年12月10日，沈阳的整座城市彻夜未眠、灯火通明，它是在为金勃阳照亮回家的路。金勃阳离家出走了，这一消息牵动着沈阳人的心，人们都在盼望着阳阳能认得回家的路。人们都在寻找着，微信里、出租车的显示屏幕上、私家车的玻璃上、收音机里、抖音里，大街小巷都充满了寻找阳阳的声音。经过消防员、救护员40多个小时的奋战，最后在离家3公里的浑河里找到了阳阳的遗体。相关媒体报道了事发经过。据悉，事发前，9岁的阳阳因在学校与同学发生了口角，阳阳的妈妈被老师叫到学校谈话，妈妈将阳阳带回家后，妈妈对他说，"你不好好学习，将来只能去捡垃圾，捡纸壳子"。阳阳听后很沮丧，过了一会儿偷偷地溜出了家门就再也没有回来。

是什么力量让孩子毅然决然地出门而去？这不得不引起人们的思考。其实原因不外乎有两点，一方面是平日里父母对孩子宠爱有加，很少被责怪，稍加说几句，心理便无法承受。另一方面，父母的责备，让孩子感到心里委屈或不满，选择以离家出走的方式来表达内心的不满情绪。

容不得说，容不得管。究其内因，是孩子的心理承受能力比较脆弱。阳阳走了，有人责备妈妈，有人责怪老师，有人埋怨浑河管理员。再多的责备也抵不过妈妈的伤痛，而这些责备都显得那么苍白无力。不要去指责，每个女人都是第一次做妈妈。妈妈没有错，如果看到了这起痛心事件后的家长们仍然不能从中吸取教训，不能反思自己的教育行为，那才是真正的错。阳阳走了，妈妈的心已被撕碎，它还在滴着血，染红了整条浑河。

在此祝愿阳阳的父母及家人早日走出阴霾，多多保重！

阳阳走后的第二个月就是新年的到来。我沿着浑河岸边走一走，新年的喜悦仿佛被痛楚掩盖。此时的河水已结冰，冰的下面依然有静静的河水在悄无声息地流淌。它是那么的细腻，那么的柔软，唯恐惊动到什么。两岸的树木挺拔毅力，似乎在日夜守望。愿可爱的阳阳一路走好！

第八章 影响厌学的因素

随着就业难度的增加，学习氛围也越发紧张的形势下，却出现了一小股厌学的暗流在缓缓地向前流动着。这些厌学的孩子课后不写作业，上课昏昏欲睡，逃避考试，以头疼或生病为借口不去学校，持"做一天和尚撞一天钟"的消极态度。其中，严重者会出现忧郁、焦虑、躁动等不同的症状。这些现象出现以后，如果不及时着手干预，将会造成学业中断。

造成厌学的原因有很多，笔者主要从以下三个方面分析。

网络直播

生活在今天的科技时代，直播成为一种潮流。很多网络大咖讲解各行各业的专业知识，为人们提供了足不出户可以学习知识的便捷。在热度和人气直线飙升的同时，不乏也混进来一些主播，他们拿不出什么正经的专业技能，而是利用青少年没有控制力的特点，明言暗示教如何打赏。个别孩子被主播的把戏引诱着，偷着家里的钱假装富豪为主播一掷千金。如此败坏的节目，却吸引着未成年的孩子，他们盼着放学回家看直播，成瘾性地消耗其中。一心琢磨穿衣打扮，效仿网红，梦想着进入这个行业发财成名，成为万人瞩目的一颗"星"，以此满足自己的欲望。他们把心思都用在了网络上，这种现象让家长们担忧。可是，这又是谁之过呢？

笔者认为，家长应教导孩子看健康的、有益的节目，多带孩子参加户外活动，拓宽眼界；多给孩子讲一些反诈骗的手段和实例，强化明辨是非的能力。再者，个别家长不管孩子在吃饭还是做作业，放大音量只顾自己看一些无任何营养的小视频，或直播之类的节目，这样很容易诱导孩子对那些无价值的节目产生一睹为快的欲望。

网络游戏

软件开发者以满足青少年好奇心为设计理念，制作了一关攻一关、一环套一环的网络游戏。进入网络游戏好像是来到一个虚拟的世界，里面有五花八门的类别，只要想玩的，就没有找不到的。很多孩子因玩游戏成瘾，出现了上课分散注意力的现象。他们身在曹营心在汉，放学后潦潦草草写完作业，将大把的时间和精力都用在了琢磨游戏装备、提高游戏技能上。

再加上学业任务重，课业压力大，他们为了逃离现实生活，到虚拟世界另辟蹊径。在游戏里，他们可以随意地打打杀杀，可以任意地行侠仗义，由此体验到从未有过的快感和刺激。长此以往，沉迷于虚拟世界里这种刺激和兴奋，难以自拔。像这样长期沉迷于刺激性网络游戏中，会对周围现实生活中的事物淡漠、麻木。

笔者认为，在孩子面前，家长尽量不要把手机黏在手上。在减少自己使用电子设备的同时，多陪伴孩子，增加亲子互动活动，与孩子一起做家务、烹饪、购物、田园采摘，一起打球、游泳等；也可以鼓励孩子自行组织，利用节假日、周末去养老院看望老人，与残疾孩子一起做活动，在公园做志愿者；也可以召集募捐，集到的钱为贫困山区的孩子买书本，使得孩子在生活中学习，在学习中生活，感受世界的多元性，领略不同的人生体验。

早恋

青春期这个年龄段的青少年，逐渐对自我以及他人的认知发生了改变。他们认为自己长大了，对异性也产生好奇心，并希望获得异性的认可和夸赞。这是青春期孩子普遍存在的一种现象，也是身心健康的正常表现。

不可否认，恋爱的学生把很多时间花在了相互聊天发信息上，聊到废寝忘食，聊到白天上课就无精打采，晚上作业写得一塌糊涂。这些被早恋分散了精力的孩子，刚开始是成绩下滑，不会的知识越积累越多，越多越不会。于是各种坏情绪随之而来，开始了恶性循环，最后导致厌学或辍学。

家长应正面看待这份懵懂的思潮涌动。找对机会，轻言侧语引导孩子，集中精力专注于学习，不要在正确的时间做不恰当的事情。

我女儿和小豪是同班同学，两人相互喜欢，从此开启了手机控模式，每天打字发信息，不停地忙活着，半夜了还在被窝里偷偷地和对方通电话。没过多久，他们两人的学习成绩整体大幅度下降。我曾几次劝说女儿，要专心学习，仍然无济于事。我想来想去，决定让小豪每天放学后来我家里，和女儿一起写作业，完成作业后小豪再回家。

于是，两个孩子开始一起学习，相互帮助、互相鼓励。那些不想和家长说的话，一人倾诉，一人倾听，共同分享着快乐与不快乐。学累了，到园区走一走，在阳光的映照下，稚嫩的小脸颊洋溢着骄傲与自豪，还有那暖暖的笑意。一段时间后，俩人集中精力专注于学习，成绩也有很大进步。再后来两人收到同所大学的录取通知书。

  不是所有的情况都适合放在一个模具里塑形，要因人而异，根据每个人的不同情况而量体裁衣。先找出问题的根源，以正面的角度解决问题，任何问题都可解决。青春期的孩子没有发生过感情波动的人很少，感情波动的人之中，他们有的是暗恋，有的是单恋。对于当下就业难度加大的形势下，大部分的家长只要发现孩子有早恋的苗头，就好像发生了天大的事情一样，大呼小叫地嚷嚷孩子，生怕影响学业。有的家长还会偷偷翻阅孩子的物品，试图找到一些早恋迹象。周末孩子出去会见同学，家长鬼鬼祟祟地在后面跟踪，担心孩子去见异性同学。还有的家长拐弯抹角，通过其他家长或者其他同学，打听孩子是否有异性好友，弄得双方家长因此发生口角，最后将孩子转到其他学校。这样草木皆兵的家长，不仅伤害了孩子的自尊心，还剥夺了孩子爱的权利。近年来，因家长反对早恋，采用极端的手段，或不可一世的态度，迫使孩子双双离家出走或辍学的事情已经在连续的发生。

"早恋"一词,在西方国家没有这个概念。到底是不是早,有多早,没人能界定。如果一个心智、生理、心理、经济、事业都不成熟的人,50岁谈恋爱也是早恋。可以理解,家长不能接受这种事实也是正常的。但是采取强硬手段干预也未必有效果,还不如让孩子给自己多安排一些活动,让孩子充实起来,将时间和精力用于现有的事情上。或者耐心和孩子谈,专心学习。退一步讲,早恋没有那么复杂,它是情窦初开的青少年对异性产生好奇心的一种正常心理变化,它是孩子身心成熟的本能表现。

它无外乎会出现两种结果:一种是两个孩子找到了共同的目标,期待着日后进入同一所大学。对于爱学习的孩子,他会努力帮助对方,从而增加了自我成就感。对于不爱学习的孩子,为了博得对方的鼓励和夸赞,增加了更足的学习劲头,会瞬间改变学习态度,极大提高学习动力。这股力量是强大的,超越一切。另一种结果,当两人到了无话可说、互不想见的地步,他们自然会早早分道扬镳,各自专注于自己的学习。

心理学家认为,男女两性交往,会产生神奇的异性效应,这种异性效应对一个人的成长和性别角色有着不可低估的积极作用。再加之，男孩和女孩的思维不同，在一起可以取长补短。所以在近几年已经涌现出很多学霸情侣手牵手进入名牌大学的现象。这又何尝不是一件幸事呢？

早恋的孩子，它如同剧本里的男女主角，结局是悲是喜还是看导演的心态。同理，家长的心态是正向、明亮的，孩子会在光明的大道上行走，即使有一天走到路的终点，也无怨无悔。

04 第四篇 人生篇

　　怀揣着一颗不变的决心,始终如一地相信自己的力量。告诉自己,"我一定行""一定能做得更好"。相信自己,只要付出努力,持之以恒,成功的果实终将在一个不远的日子里抵达。

——作者

第一章 孝敬父母

人的一生中有不同的时期，儿童时期、少年时期、青年时期、中年时期和老年时期。每个时期，都有不同的职责，也无关乎他是百姓还是高官，是年少还是年老。孝敬父母是从每一个生命诞生的那一刻起，被赋予的、一生都要履行好的重要责任和义务。

父母孕育了生命，含辛茹苦抚养孩子成人。孝敬父母，天经地义。一个人对父母的态度，是他基本道德底线的呈现，是他为人之本分，是立世之根。倘若他给父母脸色看，说话冷言恶语，当他的孩子长大后，同样会以这样的方式对待自己的父母。这样的孩子，不但没有人愿意与他结交，还会遭到家人的唾弃和鄙视，遭到社会的谴责。

近几年随着各大网络平台对教育知识的宣传普及，让原本对教育知识匮乏的家长，有机会提升了对教育的认知，感受到了家庭教育对孩子成长起着至关重要的作用。

对于出生在60、70、80年代的家长来说，他们生活的年代已与今日观念不断更新的时代相隔遥远。他们的童年没有经历过，也不曾懂得孩子内心发展变化、内心感受，以及心理需求。他们可能会对孩子喊叫，说话直接戳中痛点。但是，他们不是故意地去伤害孩子，也许这是他们早年的经历，这种方式早已根植于脑海里，造成他们不懂得用其他方式与孩子相处，也不知道怎样表达对孩子的爱。但是，他们的爱胜过千言万语，他们的爱比海深、比石坚，为孩子上刀山下火海也在所不辞。还记得2008年汶川大地震吗？有一位母亲，她双手支撑在满是碎瓦片、乱木板的地上，在她的腹下，有一个用被子裹着的小婴儿，脸色红润，正甜蜜地睡着。被子里有一部手机，上面写着："亲爱的宝贝，如果你能活着，一定记住我爱你！"此时的这位妈妈，身体早已经僵硬了。在人生的最后一刻，伟大的母亲用单薄的身躯保护着孩子。捧出一颗心，不带走半根草，正是对天下母爱最真实的诠释。

四川小伙黎文钢，与父母一同乘坐出租车，在回家的路上出租车冲进了水流湍急的河水里。车不断往下沉，黎文刚用脚踢碎了车窗，他一手抓住父亲，一手拉住母亲，他要拉着二老从窗口逃生。然而，父母不约而同地掰开了他的手，向外推他。已经筋疲力尽的母亲艰难地挤出两个字："快——走——"这是母亲最后的一句话。父母的用力一推，产生了一股巨大的力量，使黎文刚浮出水面。在生死攸关时刻，年迈的父母把生的机会毫不犹豫留给了儿子。岁月年轮在不断增长，一路走来我领略了四季风霜的浸染，感受了人事变迁的沧桑，经历了痛苦和离别。而其中最苦、最痛心的离别便是父亲的离世。即便已经过去20余载，那份心如刀绞的思念仍然让我日夜难平。我千万次回忆起父亲，梦见父亲，但梦终将会醒来。我一遍又一遍地祈祷，哪怕一分钟，但求能听到父亲的声音；哪怕只有一刹那，但求能看父亲一眼；哪怕给我一秒钟的机会，让我跪拜于父亲，说一声"对不起"……

乌鸦反哺，羊羔跪乳。动物尚且如此，何况人呢？树欲静而风不止，子欲养而亲不待。转眼父母已白了头、弓了腰、花了眼。不要想着等到未来的某一天再行孝，不要日后留下更多遗憾和悔恨。要从此刻开始，孝敬父母，陪伴父母共度幸福余生。

第二章 节俭

节俭是我国的传统美德,节俭是一种节制,它不是吝啬,不是无度浪费、肆意挥霍。《墨子·辞过》曰:"俭节则昌,淫佚则亡。"从古至今,大到国家,小到个人,无不成于俭,败由奢。一个有节俭习惯的人,即便他的物质财富丰厚无比,他的生活依然是不铺张、不浪费。他懂得自律,不会因过多的欲望奢求,做出一些不合法、不合规的事情,也不会为了满足口腹之欲去掠取不义之财,为了车子、票子、房子不择手段敛财,最终走入狱中。

再者,那些过度铺张浪费、奢侈无度的人,难免让一些恶人产生不平衡的心理。那些恶人就是这样,见不得别人好,专门盯着别人,看到比自己日子过得好、比自己优秀的人,就心生嫉妒、恨，想方设法埋陷阱、背地里下刀子。所以，过度张扬的人，不仅为自己埋下了祸根，随之而来的是麻烦不断。

这样的现象屡见不鲜。虽然每个人奢侈的手段不一样，最终都是殊途同归。晋代的富豪石崇，一贯地招摇炫富，浪费到了极点，肆意妄为地比阔斗富，最终被满门抄斩。商纣王在得到了妲己后，为了显示自己的富有，炫耀自己的身份，不惜一切地苛酷残暴、穷奢极侈。不但改用象牙筷子、犀玉杯，还修建酒池肉林，每日寻欢作乐，无暇顾及百姓之苦，也早已忘记了朝政大事，最后身亡国灭。

如今时代，孩子们物质丰盛，可是他们缺乏节俭意识，没有养成节俭习惯。这是孩子成长过程中一项缺失的体验，也是家庭教育需要补足的一课。更可悲的是个别家长，他们辛苦赚钱，孩子大方花钱，小小年纪就追捧穿名牌，买高档电子产品。可能有家长会说，"我赚钱多，不能委屈孩子，想怎么花就怎么花"。毋庸置疑，父母是爱孩子的。但它不代表一定是丰厚的物质享用，这样孩子很容易养成挥霍、比阔绰的习性，将孩子引上邪路。前辈们常说，从小吃苦不是苦，老了受苦才是苦。人生如起伏的波浪，三起三落过到老。

贫与富是暂时的,日子却是长久的。为了将来生活得更好,更加清闲自在,现在应苦一点,省一点。让孩子养成惜物、爱物、不浪费的习惯,懂得珍惜一衣、一食、一物来之不易。形成良好的节俭品质,它不只是对物质的积累,更是精神和文化的传承。它如同紧握一件珍贵的传家宝,可以让一个贫困的人变得富有,让一个富有的家庭更加繁荣昌盛,传承一代接一代。

第三章 尊严

　　人性尊严体现在人的理性、思想以及道德自律方面。尊严是骨子里的不屈服，是个体人格和价值的平等。一个人物质条件很优越，但是他没有自主权，自身合法权益、名誉得不到充分保障，也不能获得他人的尊重、善待，这是一个没有尊严的人生。同理，他可以没有金钱、地位、权势，也可以生活艰难一贫如洗，但是他有一副好德行和高尚的意志品质，能够抵抗各种诱惑，控制自己的欲望，安贫乐道，并博得他人的尊重，他过得是有尊严的生活。

　　俗话说，人穷志不穷。一个有骨气有志气的人，他不高攀别人，也不会委屈内心奉承别人。他会按照自己的人生轨迹和处事原则行事。他与人相处不苟且、不敷衍，不管走到哪里都知道做好自己该做的事儿。他为人真诚，即便得不到回报，也不低三下四。他知道，山有山的高度，水有水的深度，他有自己的长处和那份不折弯的尊严。他将尊严视为灵魂，容不得丝毫的践踏，不允许遭到半点儿的损坏。因为一旦损坏，很难再修复。一旦失去，也就失去了人格。

尊严不是从天而降，不是坐享其成，它是严于律己、努力付之于行动去获得。画家徐悲鸿在欧洲留学，那时，有个外国学生向他挑衅说："中国贫穷落后，中国人学画，无论多么勤奋，都不可能有所造诣。不过都是些业余爱好和业余水平罢了。"这话激怒了徐悲鸿，他严肃地说："那好，我代表我的祖国，你代表你的国家，我们打个赌，比一比，看谁毕业的时候在绘画上学有所成，更有成就。谁输了，谁就当着全校师生的面认赌服输，如何？"从此，他怀着为我中华民族争光的决心，刻苦努力，经常到巴黎各大博物馆临摹世界名作。后来，他的许多油画在巴黎展出时，轰动了巴黎美术界。那个曾挑衅他的外国学生，正式向徐悲鸿道了歉，对中国人的看法也彻底改变了。这个故事应了那句话："人主极尊严"，这便是人活着的价值和意义。

在自然界中，有些灵性的生物也同样有其自身的个性。

我们都知道麝香是名贵的药材和香料。实际上麝香就是雄麝脐下的分泌物，很多猎人去森林里捕获雄麝来获得麝香。雄麝眼疾腿快，动作迅速，如果不是一流水平的猎人，很难捕获到它。当猎人看见雄麝时，必须屏住呼吸，否则，雄麝一旦发现猎人的枪口对着它，就马上咬破香囊。因为雄麝目睹过自己的同族被猎人割取尸体的场景，所以活着的雄麝在生命的最后关头，为了捍卫自己的尊严，它宁肯强忍剧痛咬破自己的腺体，也不愿被猎人任意宰割。

尊严是美德之母，尊严来自自我努力。一种是内在的自我尊重，一种是外在的自我维护。两种不同的表现形式，宗旨是一致的，皆是诠释着自己是一个更加优秀的人。始终坚守道德标准行事，在欲望和诱惑面前不动摇、不低头。在正义面前容不得侮辱和侵犯，不指望着换取别人的同情和施舍，而是自食其力，依靠自己的努力和汗水，去创造生活，改变命运。守住本心，堂堂正正地做人，无愧于心地行事，一生过着出淤泥而不染，那般悠然如云的生活。

第四章 勤奋刻苦

勤奋不仅能增强人的意志力,它还能让一只行动缓慢的蜗牛爬到金字塔顶端,站在与雄鹰一样的高度,欣赏一样的美景。

当人们谈起古雅典演说家德摩斯梯尼(Demosthenes)时,令人赞不绝口,都知道他是一位声名显赫的演说家。人们看到的是他闪耀的光环,却很少有人看到他光环背后付出的汗水和努力。德摩斯梯尼小时候口吃,说话时发音浑浊、吐字不清,经常被同学讥笑。可是他没有气馁,每天口含石子在海边练习朗读。几十年如一日地坚持,终于成为希腊著名的演说家。业精于勤,勤能补拙。勤奋是成功者具备的特质,勤奋是通向成功的唯一途径。大凡铸就辉煌成就的有哪一位不是靠着勤奋努力呢？

李时珍经过 27 年的勤奋努力，著成《本草纲目》。被人们称为"书圣"的王羲之，他自幼苦练书法，每次写完字，都到家门前的池塘里洗毛笔。久而久之，一池塘的清水变成了一池墨水。后来，王羲之成为著名的书法家。纵观古今，诞生了无数的成功者，在他们身上可以发现一个共同的特质，那就是勤奋刻苦的精神和义无反顾的坚持。

每个人都是平凡的，没有谁生下来就自带光环，也没有哪一条通往成功的道路上是铺满鲜花的。有志者事竟成。一分耕耘一分收获。99% 的成功者一定是付出了超过常人 99% 的努力。命是懒惰者的借口，运是成功者的谦辞，他们之间的差别就在于——

当一个懒惰者睡觉时，成功者在学习。

当一个懒惰者在幻想着成功时，成功者早已付诸行动。

当一个懒惰者睡眼惺忪时，成功者早已闻鸡起舞。

当一个懒惰者虚度光阴时，成功者在分秒必争。

当一个懒惰者沉迷于吃喝懒散，成功者早已废寝忘食。

当一个懒惰者四处寻找借口，成功者早已只争朝夕。

孩子是未来的希望，是国家的栋梁。趁着现在正当时，每天多奋斗一点点,多拼搏一点点,对自己说,"我不胆怯,我坚持",天不负苦心人,在不久的未来,他一定会像勤奋的雄鹰一样,振翅翱翔站在人生的金字塔,眺望五彩斑斓的世界。

第五章 身体健康

人吃五谷杂粮，生病是正常的事。有些人生病与遗传基因或身体状况有关，而有些人生病则是自己熬出来的。如今电脑和手机成为人人必备的工具，很多人错把工具当玩具，熬夜上网打游戏，不停地刷手机。他们看"轻"了生命，却看不"清"生命的珍贵，疯狂地挥霍着自身的能量。现在流行一句话，十年同学聚会看谁工作好，二十年聚会看谁年轻，三十年聚会看谁健康。不可置疑，维护好身体不仅是十年、二十年、三十年要做好的事情，它乃是一生要努力做得更好的事情。假设一个人不在乎自己的身体，生活没有节制，贪吃懒做、好逸恶劳，很容易引发各种疾病。到那时，没有人能够替代他的病痛，也不是用钱能解决的问题。

有个朋友，去年和毕业 20 年的同学聚会。此次聚会，朋友多了几分伤感，因其中一名同学患疾病离世，一名同学患上脑梗，至今留下一侧身体无知觉的后遗症，两名女生因乳腺癌做过手术。

大家都知道，如今食品存在着安全隐患，外卖快餐的盛行，以及压力大等各种负面因素，导致人们的身体健康状况呈现下降趋势。对年轻人来说，他们可能不相信健康的重要，中年人可能还没有感觉到，当他们明白的时候，可能已经无济于事。所以，应及早采取严以律己的行动，加上持之以恒的坚持，那么，他一定会呈现出健康的体魄和饱满的精神。建议坚持做到以下几点：

1. 合理安排睡眠时间

古人曾讲，日出而作，日落而息。人体是个小宇宙，应跟着大自然规律去调整休息，合理安排起床、睡眠时间。

我邻居的儿子，和妻子习惯晚上12点之后睡觉，妻子怀孕2个月左右流产了。医生告诉他们，在晚上11点前睡觉能保证胎儿的正常发育。这对夫妻遵从了医嘱改变了睡眠时间，一年后产下一个健康可爱的宝宝。

32岁海归博士于娟，曾任职于复旦大学。这位性格开朗的女教师，不幸患上了乳腺癌。在化疗期间她整个人被病魔摧残得惨不忍睹。最后还是扔下一岁多的儿子离开了人世。于娟曾在博客里这样写道："我为什么会得上这个绝症？第一，我没有遗传；第二，我的体质很好；第三，我刚生完孩子喂了一年的母乳；第四，乳腺癌患者都是45岁以上人群，我那时只有31岁……我基本上没有在晚上12点之前睡过，每次都是为自己找出一些堂而皇之的理由，聊天、学习、考研……所以，一定不要熬夜，长期熬夜等于慢性自杀的说法并不夸张。"

2022年7月26日，杭州互联网公司22岁女孩猝死，事发之前连续加班四五天，每天工作到凌晨3点多，医生诊断可能是由心肌炎引发的猝死。

熬夜时人体中的血液都供给了脑部，内脏供血会相应减少。长此以往，会对肝脏造成损伤。在此，真心奉劝喜欢熬夜的人，请不要重复着那些不健康的生活习惯，不要等到生命的临界点，那时才悔之晚矣。要趁早改变作息时间，早睡早起是人类健康的源泉。

2. 晒太阳

医学研究证明，每人每天最少要接触半小时的阳光，可以促进钙质吸收、促进血液循环和全身的新陈代谢，以及预防骨质疏松和癌症等。人体就好比家中养的花儿，不只是需要浇水、施肥，它们更需要在阳光下晒一晒，吸收太阳供给的能量，确保远离疾病茁壮成长。

3. 运动

人们的生活越来越便利，电梯、汽车都代替了人们的脚步。很多孩子出门，要么父母开车，要么请人开车，这样的环境下孩子养成了不走路的习惯。虽说车快捷省时间，是必备的交通工具，但是也要分情况而定。

在没有特殊或不紧急的情况下，孩子们尽可能早点出门。可以走路、骑自行车，吹吹风晒晒太阳，展示出年轻人的朝气和热情奔放的活力，这样既节省资源，又是一种高质量的、健康的生活方式。这是绝对的纯天然药方。没事常走路，不用进药铺。当他到了50岁、60岁时，依然有着30岁的体态，享受着高品质的生活。

4. 忌生冷

很多孩子喜欢饮用生冷食物，比如冷饮、冰块、冰淇淋等。中医讲，生冷食物容易对脾胃造成损伤。脾胃为人体重要器官，为气血生化之源，并且维持着人体消化吸收的功能。尤其是女孩子，生冷食物是健康的天敌，切记不可长期饮用，它会影响到身体的健康状况。

　　身体健康，面色红润步伐轻盈，呈现一股朝气蓬勃的精神状态。身体不健康，目光呆滞，大脑迟钝，无精打采脸色黄，呈现一副病态的样子。所以，健康是"1"，后面的都是"0"，有了"1"，才有后面的"0"。否则，再多的"0"也是"0"。身体是自己的，其他任何一个人也无法掌控你自己的身体，也无法决定你是健康，或不健康的，他们可以与你分享健康带来的快乐，却无法替代你承受不健康带来的痛苦。所以，金山银山健康才是靠山，身体健康才是王道！

第六章 做好自己

无论在东方还是西方，人们总爱说一句话："做好自己，Be yourself"。这听起来好像是一句口头禅，细心品味，会发现是对人生的一个总结。世界之大，人事之多，面对同一件事，每个人都有自己的见解和不同的声音。面对嘈杂的声音，你会如何面对自己的内心呢？其实答案你自己早已知道，人生越简单越好，生活越平淡越欢心。管好自己，做好自己，做个内心清净，思想独立，完美的自己。这样的人都具备以下特征：

不和他人比较

每个人都是独立的个休，有自己为人处事的风格。有些人言语不多，低调务实，可能不会像其他人表现得那般显山露水、能言善辩。但这并不能说明哪种人好，哪种不好。人各有志，风采不一。谁也不必去羡慕谁，更不必去和谁比较。因为有些人不值得比较，有些人与人之间也无法相比较。别人如何，与自己无关。要把精力和时间用在自己身上，去思考未来的路，未来的生活。努力让自己变得比过去的自己更加成熟、睿智。让自己成为自己眼中的风景，成为一个有温度、有气度的人，生活必将温柔待你。

不说服他人

每个人的生活环境、成长经历、教育程度不同，对事物会产生不同的认知和处理方式。管好自己的事，种好自己的田，不要专门把眼睛盯着别人，总想着以自己的观点去要求别人，或极力说服他人做出改变。

俗话说，愚者总是试图改变对方，结果终将是得不偿失，把自己搞得灰头土脸，还让对方极其反感。甚至让人从此远离他，不再与他结交。何必去招惹人烦呢？人贵在有自知之明，不要好为人师。未经他人苦，莫劝他人善，但求各自安好。正如美国作家玛丽莲·弗格森（Marilyn Ferguson）所说，

"谁也无法说服他人改变，因为每个人都守着一扇只能从内心开启的改变之门，不论动之以情或晓之以理，我们都不能替代别人开门"。诚然，人生自有归处。他不是你，你不是他，你怎么会感受到他的心跳？又怎么能洞察他的心扉？在说服他人时，应先改变自己，改变仅存单方面的想法，去干扰双方面的事。倘若他希望别人怎样，只管用他所期待的方式对待别人就好，至于别人如何回报，是别人的事。只管做好自己，静待花开。

不谈论是非

俗话说，看清自己比看清他人难得多。难就难在他不去看自己，而是经常谈论他人的是非。这样的人无非是通过贬低他人的方式，掩饰自己的自卑，刷新自我存在感。谈论对方的缺点越多，这些缺点会慢慢地渗透到谈论者的潜意识里，变成他自己的东西。非但给对方带不来任何的影响，反而损坏了自己的名誉，减少了自己的福报。还让自己沾惹了一身的坏毛病。可谓是偷鸡不成蚀把米。谈论是非，浪费自己的口舌，耗费自己的时间。有时越说越生气，反而激发了自己的坏情绪。时间久了，会变成一个负能量满满的人。当遇到问题时，只会先抱怨、埋怨，而不是去思考问题找出解决问题的办法。他把心思都用在了谈论他人上，哪还有时间去提高自己的修养，哪还有精力去提升自己的格局呢？上天赐予人们两只眼睛、两个耳朵、一个嘴巴，就是多看多听少说。这是天道，顺应天道，达到天人合一的心境。成为一个心中有理想、有抱负的自己，生活必将温暖如春。

第七章 信念

信念不是某条法律法规，也不是伦理或某项道德准则。它是人类地球上唯一的、依靠自己去控制命运的一种态度和内在的一股力量。信念可以激发创造力，也可以制造破坏力，就看你从哪个角度去认知事物。如果你坚信自己很聪明，那么你一定会成为一名学霸。如果你坚信自己是小偷，那么你一定会变得贼眉鼠眼，最后落入狱中。信念如同指南针，指引人们前进的方向。信念犹如地图，带领人们到达目的地。

信念不同于信仰，西方国家的信仰是神，他们祈祷神、崇拜神，遇事求助于神的力量来获得帮助，以此来满足心理安慰。

东方国家恰恰相反，我们求助于自己，并付诸于行动。

不断地找方法，树立信心坚守信念，凭着自己的努力奋斗来实现目标，以此实现内心的愿望。信念本身有着巨大的力量，再加之人自身的精神能量，二者合一，成功必将抵达。

有这样一则故事，两位近70岁的老太太，一位认为自己到了这个年龄可算是人生的尽头，于是开始给自己料理后事。另一位却认为一个人能做什么事不在于年龄的大小，而是在于怎样的想法，于是便给自己制定了一个计划——在70岁时开始学习登山。随后的25年里，她不断地攀登世界各地有名的高山，在接近95岁时，她攀登上了日本的富士山，成为世界唯一一位高年龄攀登此山的人。

因此，信念不受任何环境和状况的影响，影响自己的恰恰是自己能否始终如一地坚守信念的意志力。好比那些天天想着登上高峰的人，却又总是坐着说话，而迟迟不站起来付诸行动，或者行动中遇到困难就轻易放弃。结果什么也做不成，什么也做不好。结果"梦想"最终变成了"梦"想。信念，它不会亏待每一位坚贞不渝并付出努力行动的人。它所发出的神奇力量足可以让铁棒变针，金石为开，能够创造无限的奇迹。

"四分钟一英里"的故事人们耳熟能详，让曾经对人体骨骼和肌肉等各方面做过无数次研究的科学家瞠目结舌。他们一致认为4分钟内跑完一英里是绝对不可能的事情。而恰恰有一位名字叫罗杰·班尼斯特（Roger Bannister）的运动员，打破了这个被认为的不可能。他之所以能够创造这项纪录，除了归功于他体能上的苦练外，主要还是因为他最初的念头。他在脑海中一直模拟着以4分钟跑完一英里，慢慢地这种念头便形成了强大的信念，促使神经系统定格在4分钟。结果，班纳特真的做到了，最后以4分钟跑完一英里，打破了世界纪录，从而创造了人类历史上的奇迹。出乎意料的是，在随后的一年里，竟有近400人也做到了。

坚守信念敢于行动，终将开启一扇卓越之门。世界上人与人之间的大脑和生理结构是一样的，没有所谓的超人，也没有谁出生就是幸运儿。那些平凡的成功者他们之所以创造了自己的不平凡，铸造了一个又一个的奇迹，其中的奥秘就在于他们拥有信心，坚守信念，始终如一地相信自己的价值，并告诉自己"我一定行，一定能办得到（I will be successful, All things come to those who wait, perseverance can make miracles happen）"。那么，你终将会成就一个不平凡的人生。

行而不辍,未来可期

上周末和一位老朋友聊天,她说要来英国看望女儿。尽管她家和女儿的学校只有 5 小时的飞行时长,女儿却因忙于学习,已有很长时间没有回家了。她的女儿在剑桥攻读建筑工程学的硕士研究生,每天的学习任务量很大,忙得废寝忘食。每餐的用餐时间只有 10 分钟,有时还要一边学习一边啃汉堡,走路时都免不了要思考设计方案。每天晚上 11 点多导师要组织小组研讨,有时一直到凌晨一两点。

她女儿说他们的导师是获得英国最佳建筑师奖项的杰米·佛伯特(Jamie Fobert)建筑师,她的导师每天回到家都是凌晨 3 点多,第二天早上仍是第一个在教室里等学生们来上课。

还有一位朋友，她在尼奥波利斯大学帕福斯（Neapolis University Paphos）任教于法律系。她是希腊人，法律博士，毕业后就来到这所大学。她教的学生有本科生和研究生，每周课教安排得很满。在任教期间，她先后在希腊，以及美国的法律期刊上发表了很多文章，还出版了两本法律书，每本字数都在 30 万字以上。第一本书她花费了 3 年时间，第二本也是 3 年的时间。她每天工作到凌晨 2 点，日复一日，天天如此。每到假期她就一个人待在员工宿舍，争分夺秒，孜孜不倦，这就是学者、大学问家勤奋刻苦的付出。他们之所以能够攀登到令众人瞩目的高峰，除了他们的聪明才智之外，更多的是心血的付出，是汗水的付出。

世界上每一个人的成功都是汗水的积累。没有哪个人的成功是俯首可得，一蹴而就，都是经过不懈的努力和持之以恒的坚持。我们每一个人都是平凡人，只要付诸行动，迈出第一步，坚持下去，必定终至所归。

水的方向，由地势决定。

花的方向，由太阳决定。

船的方向，由舵手决定。

孩子的方向，由家长决定。

愿天下可爱的孩子们，掬水光阴不负韶华。过去的好与坏，让它变成生命中的风轻云淡；曾经的对与错，让它化作春风里的微笑。在未来通往成功的道路上，不忘初心，砥砺前行，行而不辍，未来可期。

致 谢

这本书的完成,我想不是偶然。读书是我的热爱,每当我读完一本书的时候,除了敬仰作者的文笔之外,更多的是自问,"为啥我不能写出这么好的书呢?"

开始打算写这本书的时候,曾问过朋友,有人说,"我看你是写不成,写着写着就感觉枯燥了""写书?不可能,那都是一个团队做的事儿""现在已经很少有人看纸版书了"。我心想,"不可能"一词,在英语里面是Impossible,它等于一切皆可能,Impossible=I am possible。也如同数学符号"X",它具有无限的可能。于是,我决定将我与孩子们共同成长的这段愉快旅程,以及对教育的一些体会,用文字的形式呈现出来,一方面可以系统地将它们梳理出来,以便日后留给孩子们,即使有一天我不在了，我的思想还在。另一方面，可以为那些对教育感兴趣的家长和朋友们，提供一点点浅薄之见，以便在培养孩子道路上取长补短，力争尽善尽美。

我万分感谢我的母亲，从小到大，无论我做什么，母亲都给予我默默地支持。在写作的这一年时间里，母亲无私地撑起了全部家务，做饭、洗衣、买菜，我才能够专心地投入写作当中。我要感谢外甥女冯丛杨，在我踌躇不前需要指点的时候，她总会告诉我"都是满满的干货，你只要按照自己的风格写就好"，用她常用的口头禅"都是心窝子的话"，无形地增加了我的动力和信心。

俗话说，事非经过不知难。写作的这一年中，我体会到了日夜兼程的辛苦，领会了笔耕砚田的不易。此书如期而至，我感谢自己。

本书中采用的四幅字画，均是家父书写于1989年冬至，虽然部分字画有一点褶皱，但是它们仍被视为珍宝，弥足珍贵。

我本科主修法律专业，在学习的几年中，虽然没有记住很多的条文，但是我牢记了任何事儿都要讲求证据、做到有理有据。这本书中的实例、知识点以及学习方法等，都是通过阅读大量的文献和数据调查，以及充分地论证之后才落到纸面上的，不是凭着自己的单一想法，也不是纸上谈兵，就随便写出来,这样的话既浪费了读者的宝贵时间,而且还偏离了正确的教育轨迹。所以,本书中的一些建议和方法,读者可以放心地参考和使用。

书于 2022 年 8 月

读书推荐

初见冯杨是在欧洲的塞岛,一个地中海上的花园国家。那日一个顺长身材,一头密密的短发的女孩,踮着脚如一片云朵飘过来,脸上铺满阳光,双眼闪动着纯净如奇的光亮。我不禁自语,"翩若惊鸿,宛如游龙"。我更想说她宛如一朵萱草花,可爱至极。

的确,冯杨带着黑土地的质朴和倔强,怀揣着满满的爱,怀揣着挚爱生活的情愫,一路走出了她的成功之路。无论是经济的独立性,还是海外孜孜不倦获得学位,异国他乡培育女儿,方方面面诠释和证明了她的执着和博爱。作为一个独自的女人,她拥有了自己的骄傲和自豪。

一路走来,她有许多的话要说,把藏于心中、急于告诉人们的情爱，倾吐出来。于是，耗时一年，耕耘无数个日夜，一五一十娓娓道来，细腻而敏感地捕捉过去的经历，寻找人与人之间的沟通。落笔有独特的着眼点，独抒灵性，不拘格套。她将知识、哲理集于一体，阐述一个人的成长中需要牢记的经典教悔。一个人自我修养与完善的规矩，发人深思。于读者，也将是旭日般的启发和召唤。

我所欣赏的是她的深刻、她的沉思，全部倾注于书中每一个细节，诉说着中国的传统文化如何蕴育出中华好儿女。全书语言明朗而又有深意，流畅细腻。每一句、每一段、每一篇都经过精心组织，无浪费和蔓枝，字字锤炼，句句用心经营，是她潜心推敲的结晶。此书会让人在教育和接受教育中，获得最大的收益。

杨婷婷

读书推荐 2

这些年,国内陆续出版了许多关于家庭教育、早期教育的著作,比如大家耳熟能详的《卡尔·威特的教育》《M.S.斯特娜的自然教育》《哈佛女孩刘亦婷》等等,更不用说那些照猫画虎、改编拼凑的良莠不齐的所谓畅销书了。老实说,不少著作好则好矣,但由于水土不服、接受观念等诸多因素,这些思想、方略不要说大面积推广,就是个体复制也难有收效。

由于难得的机缘,我有幸读到了冯杨女士的大作《心之所向,行而不辍——家庭教育漫谈》。混迹于杏坛三十余年,我很愿意与读者共享阅读本书的欣喜。

基于理论和实践一致性的阐述是这本著作有别于多数同类著作的不同之处。冯杨女士游学海外多年,主修法律和教育管理，其间参与众多课题研究，并通过教外国学生学习汉语的实践，证实：测试练习间隔越短越频繁，效果越好。当然这是有学理支撑的，但这种确认是源于国外学生学习汉语的实绩。从这个意义上讲，这类结论的普适性就远非同类著作能比肩的。

东西两栖、中西合璧的开放视野为本书增添了混血美人般的异彩。仔细翻寻字里行间的智慧和灵动，你会感到作者幼承庭训的根底、吞吐异域风华的蕴藉。我曾经这样欣赏冯女士的另一部著作：

在我看来，这些灌注浓情哲思的行云流水般的文字，融合了东方深远的儒道互补的哲学精髓和西方重法规、讲原则的契约精神。因而这些有生命的古老汉字就荡漾着很有别于此类著作的韵致和神奇之光。

我想，这段话用来认识本书也是合适的吧。你看：圣人则天，贤者法地，智者则古……写出焦虑的想法，调整呼吸……不过，这里我更愿意用"中体西用"这个词来体认书中的观念。也许作者无意于此，可是中国东北黑土地的宽厚仁爱和烈风暴雪的奇绝刚毅流淌在她的血管中。虽然，有那么一段时间，这个词好像不是很受待见，但是，"中体西用"

的拿来主义文化观在文化自信的伟大实践中是值得我们思考和再认识的。

让我最惊醒的是作者始终坚持的清醒和批判精神。例如，作者毫不留情地批判西方主流教育缺少反馈或者反馈严重滞后的弊端，一针见血地指出西方"散养"教育观念流弊……百年以来，我们学界的不少人习惯了仰人鼻息，"西方的月亮比中国的圆"的论调渐渐销蚀了积极自信的民族精神。冯杨女士坚守"择其善者而从之，其不善者改之"的古训，用尖锐犀利的目光洞穿缤纷万象。虽然我们不愿意相信，但是阅读缺席已然成为我们这个诗书大国的通病。为此，作者大声疾呼："爱读书，是一种美德。读书之美，美在修炼思想、觉悟人生、增长人的智慧、提升思想、志存高远。""家长与孩子一起读书，一起读好书，成为彼此最亲近的挚友、最亲密的知己，知己方能解人。"……当直播、网红、读屏、游戏弥散天地间之际，这样的声音更显得弥足珍贵，犹如当头棒喝，宛若醍醐灌顶。

直面父母离异家庭教育孩子的困惑，作者观点切中肯綮；理性对待"特长班"，作者拨云见日。针对诸如此类的难题，作者多能激浊扬清，指津醒豁。

捧读书稿，常常为作者举重若轻、涉笔成趣的语言运用之功折服。冯女士在国内学习计算机专业，游学海外，攻读法学和教育管理，写作并非她当行。但是赏读这些娓娓道来、神思飞动的通透篇章，恍如置身菩提之光的庇佑中，神清气爽，温暖圆觉，五圣朝元。我猜想，对生活的热爱和挑战自我的倔强可能就是这些熔铸着真善美、横平竖直的汉字的筋骨和底蕴。对了，还应该有这个因素："做自己喜欢的事情"，冯女士常常这样说。

夕阳在山，静影沉璧，我们仿佛看到：一位女士，一位有着蒙娜丽莎的微笑的女士，站立在地球的边上，仰望深邃浩渺美丽的星空，临风飘举，深植宽厚仁慈多彩的大地，望云卷舒。

縠音 2023 年岁末于虎头山下瓶管斋

参考文献

[1] 叶修. 学习的逻辑 [M]. 北京：中信出版集团, 2020

[2] 理查德·格里格, 菲利普·津巴多. 心理学与生活 [M]. 王垒等译. 北京：北京人民邮电出版社, 2016

[3] 樊登. 读懂孩子的心 [M]. 北京：中国友谊出版公司, 2019

[4] 戈登·诺伊费尔德, 加博尔·马泰. 每个孩子都需要被看见 [M]. 催燕飞等译. 北京：北京联合出版社, 2019

[5] 吴纬中. 别让孩子成为长不大的"大人" [M]. 北京：北京联合出版社, 2018

[6] 阿尔费雷德·阿德勒. 儿童教育心理学 [M]. 李彦译. 南京：江苏凤凰文艺出版社, 2023

[7] 菲利普·津巴多, 罗伯特·约翰逊, 薇薇安·麦卡尔. 津巴多普通心理学 [M]. 傅小兰等译. 北京：中国工信出版集团人民邮电出版社

[8] 保罗·吉尔伯特. 战胜抑郁症 [M]. 江兰，陈祉研译. 北京：北京联合出版公司, 2021

[9] 迈克尔·雷顿. 自控力成就孩子一生 [M]. 北京：机械工业出版社, 2017

[10] 阿黛尔·法伯，伊莱恩·玛兹丽施. 如何说少年才会听，怎么听少年才肯说 [M]. 北京：中央编译出版社. 2017

[11] 周国平. 周国平致家长 [M]. 杭州：浙江人民出版社, 2022

[12] 简·尼尔森. 正面管教 [M]. 北京：北京联合出版社，2016

[13] 维尼老师. 顺应心理，轻松度过青春期 [M]. 长沙：湖南文艺出版社, 2020

[14] 张顺民，冯廷勇. 拖延的认知神经机制与基因：行为-脑-基因的多角度研究 [J]. 心理科学进展, 2017, 25(03)：393-403

[15] 翁凡茸. 论学生自主学习能力的培养——以大学英语学习为例 [J]. 中国校外教育, 2010(12):81-82.

[16] 倪士光，李虹，黄琳妍. 学习拖延的整体化研究视角：传统与创新 [J]. 心理发展与教育, 2012, 28(5), 545-553